Schriftenreihe des Instituts für Versicherungswissenschaft
der Universität Köln

Herausgegeben von Professor Dr. jur., Dr. phil. W. Rohrbeck-Köln
Leiter des Instituts

1

Grund- und Zeitfragen der Versicherungswirtschaft und Versicherungswissenschaft

Herausgegeben von

Professor Dr. Walter Rohrbeck

Springer-Verlag Berlin Heidelberg GmbH 1941

ISBN 978-3-662-32117-1 ISBN 978-3-662-32944-3 (eBook)
DOI 10.1007/978-3-662-32944-3

Inhaltsverzeichnis.

Vorwort.

Am 6. November 1940 wurde das Institut für Versicherungswissenschaft der Universität Köln förmlich seiner Bestimmung übergeben, nachdem bereits ein dreiviertel Jahr zuvor der Verein der Förderer des Instituts gegründet worden war. Wie die gleichartigen Institute in Leipzig und Berlin dient das Institut der Forschung und Lehre. In der Einleitung dieses Heftes sind die Ansprachen wiedergegeben, die anläßlich der Eröffnungsfeier des Institutes gehalten wurden nebst einer Übersicht über die Förderer und dem Abdruck einer Stiftungsurkunde, die für die Forschungsarbeit des Institutes von besonderem Werte ist.

Die danach in erweitertem Umfange abgedruckte Einführungsvorlesung des Unterzeichneten bedeutet eine Grundlegung und ein Programm.

Die anschließenden vier Vorträge der ersten Vortragsveranstaltung behandeln Themen aus dem Versicherungsrecht, der Versicherungsmathematik, der Sozialversicherung und der Versicherungsmedizin. Alle diese Gebiete wird das Institut auch in Zukunft pflegen.

Der Verlagsbuchhandlung Julius Springer sei für die gediegene Ausstattung der Schriftenreihe und die schnelle Drucklegung des ersten Heftes besonders gedankt.

Köln, Dezember 1940.

Der Herausgeber:
Professor Dr. Rohrbeck.

A. Einleitung.

1. Tagesfolge der Eröffnungsfeier des Instituts

Mittwoch, 6. November 1940.

Vormittags 10 Uhr c. t.

Joh. Seb. Bach, Praeludium und Fuge D-dur, vorgetragen von Prof. Michael Schneider-Köln.

Begrüßung durch Se. Magnificenz, den Rektor der Universität Prof. Dr. Kuhn.

Ansprache des Dekans der Wirtschafts- und Sozialwissenschaftlichen Fakultät Prof. Dr., Dr. h. c. Walb.

Prof. Dr. Dr. Rohrbeck; Direktor des Instituts für Versicherungswissenschaft: Werden und Wesen des Instituts für Versicherungswissenschaft.

Generaldirektor Haus (Colonia), Vorsitzender des Vereins der Förderer des Instituts für Versicherungswissenschaft: Versicherungswirtschaft und Versicherungswissenschaft.

Der studentische Fachgruppenleiter der Fachgruppe Wirtschaftswissenschaft Alberty.

Geh. Regierungsrat Dr. jur., Dr. rer. pol. h. c. Karl Samwer (Gotha), Ehrenvorsitzer des Deutschen Vereins für Versicherungswissenschaft.

César Franck, Konzertstück a-Moll, vorgetragen von Prof. Michael Schneider-Köln.

2. Begrüßung durch Se. Magnificenz, den Rektor der Universität, Professor Dr. Otto Kuhn

Verehrte Gäste, Dozenten, Studenten!

Die Universität Köln hat Sie anläßlich der Eröffnung eines neuen Instituts der Wirtschafts- und Sozialwissenschaftlichen Fakultät zu einer Feier eingeladen; wir danken Ihnen allen für Ihr Erscheinen!

Ich begrüße unter den Anwesenden die Vertreter von Partei, Staat und Wehrmacht. Insbesondere ist es mir eine Freude, Delegierte des Reichsjustizministeriums, des Reichswirtschaftsministeriums, des Reichserziehungsministeriums sowie des Reichsaufsichtsamtes für Privatversicherung begrüßen zu dürfen. Ich möchte auch nicht versäumen, das persönliche Erscheinen des Ehrenvorsitzenden des Deutschen Vereins für Versicherungswissenschaft, Herrn Geheimrat Samwer hervorzuheben!

Wir haben uns bewußt aus Anlaß dieser Feier an einen größeren Kreis gewandt. Es liegt ja im Wesen besonders der Forschungsarbeit an unseren Universitäten begründet, daß diese im allgemeinen in der Stille geleistet wird und daß nur bei einzelnen Gelegenheiten die Möglichkeit gegeben ist, aus der Gesamtarbeit einen kleinen Ausschnitt auch dem Außenstehenden nahezubringen. Wir glauben aber andererseits, daß die Kölner Bürgerschaft und die Freunde der Universität einen besonderen Anspruch darauf haben, etwas aus dem Leben unserer Universität zu erfahren.

Daß aber an der Universität Köln das Leben sich regt und daß wir uns nicht mit der Fertigstellung eines Teiles abfinden, das hat gerade dieses vergangene Kriegsjahr gezeigt, war es doch trotz aller äußeren Schwierigkeiten möglich, in der Medizinischen Fakultät: das Physiologische und Physiologisch-Chemische Institut sowie die Zahnärztliche Universitätsklinik in neuen Räumen unterzubringen und das Institut für Erbbiologie und Rassenhygiene neu einzurichten, in der Philosophischen Fakultät: den Bau des Physikalischen Instituts weiterzuführen, in der Wirtschafts- und Sozialwissenschaftlichen Fakultät: werden wir auch das Verkehrswissenschaftliche Institut in neuen Räumen besichtigen können. Darüber hinaus war es möglich, eine Reihe wichtiger Lehrstühle neu zu besetzen.

Wenn wir heute gerade ein Institut der Wirtschafts- und Sozialwissenschaftlichen Fakultät neu in Betrieb nehmen, so werden dadurch gewisse Aufgaben angedeutet, die der Universität Köln in steigendem Maße in der Zukunft erwachsen werden. Wir wissen, daß die sogenannten klassischen Wissenschaften stets die Grundlage alles Wissens bilden werden und deshalb der intensivsten Förderung bedürfen. Wir wissen aber auch, daß gerade in Zeiten des Umbruchs völkischer und staatlicher Organisation die Anspannung aller Kräfte im Kampf um's Dasein restlose Auswertung und Anwendung wissenschaftlicher Erkenntnisse für die Praxis erfordert.

Köln ist ein Zentrum des Versicherungswesens im Westen und so hat auch die Versicherungswissenschaft gerade hier eine wichtige Arbeit zu leisten. Wir freuen uns, daß unserem Streben in der Wissenschaft auch das große Interesse in den Kreisen der Praxis gegenübersteht.

So wünscht die Universität ihrem neuen Institut erfolgreiche Arbeit und allen denen, die an ihr teilnehmen, Befriedigung.

3. Ansprache des Dekans der Wirtschafts- und Sozialwissenschaftlichen Fakultät Professor Dr. Dr. h. c. Ernst Walb

Wenn irgend eine Stelle über den Anlaß dieser Feierstunde besonders zur Freude berechtigt ist, so ist es die Wirtschafts- und Sozialwissenschaftliche Fakultät, in deren Namen zu sprechen ich die Ehre habe. Denn mit der Eröffnung des Instituts für Versicherungswissenschaft werden diesem Wissenschaftsgebiet, das seit rund 40 Jahren hier gepflegt wird, die weitgehendsten Arbeits- und Entwicklungsmöglichkeiten erschlossen.

Eine wissenschaftliche Disziplin steht und fällt mit dem Vorhandensein oder Fehlen von zwei Voraussetzungen. Es müssen einmal akademische Lehrstühle für sie bereit stehen, und diese müssen mit Forscher- und Lehrerpersönlichkeiten von Rang besetzt sein.

Wo das Erstere fehlt ,besteht die Gefahr, daß Dilettantismus und Interessenwirtschaft sich breit machen und damit eine Pseudowissenschaft aufgezogen wird. Wo die zweite Voraussetzung nicht gegeben ist, kann die Quelle nicht zum Fließen gebracht werden. Daher gilt im Bereich der Wissenschaft seit alters mit Recht der Satz, daß die Geschichte einer Disziplin die Geschichte ihrer Lehrstühle ist.

Meine Fakultät darf an diesem Tage mit berechtigtem Stolz feststellen, daß dieser Satz hinsichtlich des Faches der Versicherungswissenschaften sich bei ihr voll und ganz bewahrheitet hat. Schon gleich nach der Gründung ihrer Vorgängerin, der Handelshochschule Köln im Jahre 1901, wurde das Fach der Versicherungswissenschaft als Lehrfach aufgenommen und nach kurzer Zeit eine Lehrkanzel dafür bereit gestellt. Mit der Aufnahme dieses Faches wurde zugleich der Anfang für einen besonderen Ausbau des Lehr- und Forschungsbetriebes der Fakultät gemacht, den diese seither, trotz unvermeidbarer Störungen, zielbewußt eingehalten hat.

Die in der Fakultät gepflegten Wissenschaftszweige gehören drei großen Gruppen an. Neben die tragenden Fächer der Volkswirtschaft und Betriebswirtschaft treten die sog. Spezialfächer. Sie werden sowohl im Interesse einer umfassenden Gesamtausbildung als auch einer zweckmäßigen Berufsspezialisierung gepflegt.

Von diesen Spezialfächern sind heute ein halbes Dutzend in der Fakultät vertreten. Der Versicherungswissenschaft gebührt dabei der Ruhm, das erste dieser Spezialfächer gewesen zu sein und das damit gemachte Experiment bestens gerechtfertigt zu haben.

Wie sehr diese Disziplin sich im Verlauf der Zeit bewährt hat, dafür spricht ganz besonders der Umstand, daß sie sich zunehmend von einem Fache der wirtschaftswissenschaftlichen Allgemeinbildung zu einem solchen der Berufsausbildung des Versicherungsnachwuchses entwickelt hat. Damit hat sie das unter Beweis gestellt, was das höchste Ziel aller wirtschaftswissenschaftlichen Ausbildung sein muß, dem Leben unmittelbar zu dienen.

Daß die hier geschilderte Entwickelung so verlaufen konnte, ist vor allem der Erfüllung der zweiten Voraussetzung zuzuschreiben, von der vorhin die Rede war, d. h. dem Glücksumstand, daß die drei Männer, denen die Betreuung dieses Faches seit 40 Jahren obgelegen hat, ihre Aufgabe hervorragend gemeistert haben. Es sind dies: PAUL MOLDENHAUER, FRANZ HELPENSTEIN und der derzeitige Inhaber des Lehrstuhles Prof. ROHRBECK.

Der Begründer des Faches an der hiesigen Hochschule PAUL MOLDENHAUER, zu dessen jungen Füßen ich als älterer Student noch gesessen habe, und bei dem ich im Versicherungswesen geprüft worden bin, — ein Umstand, der mich als Sprecher heute noch besonders legimitiert — befand sich noch in der für jeden Wissenschaftler beglückenden Situation, das Gesamtgebiet seiner Disziplin (von der Mathematik abgesehen) vertreten und entwickeln zu können. Er war in gleicher Weise Sachkenner des sog. privaten wie des sozialen Versicherungswesens.

Über seine Bedeutung als Versicherungswissenschaftler braucht hier kein Wort verloren zu werden. Er hat dem Kölner Lehrstuhl das denkbar größte Ansehen verliehen.

Nach seinem Weggang ergab sich die Notwendigkeit der Aufteilung des Gesamtgebietes. Daß diese sich reibungslos vollziehen konnte, ist dem geschilderten Aufbau der Fakultät zu danken.

Inzwischen war nämlich das Fach der Sozialpolitik, wiederum als Spezialfach, entwickelt worden, das ohne weiteres die Betreuung der Sozialversicherung übernehmen konnte. Auch heute arbeiten beide Fachvertreter freundnachbarlich nebeneinander, sodaß nach wie vor das gesamte Versicherungswesen in der Fakultät gepflegt wird.

Paul Moldenhauers Nachfolger FRANZ HELPENSTEIN war nur eine kurze Wirksamkeit beschieden. Ein tückisches Leiden raffte ihn allzu früh hinweg. Aber auch er hat unvergängliche Spuren hinterlassen.

Mit ihm beginnt die stärkere Hinwendung zu den betriebswirtschaftlichen Problemen dieses Gewerbezweiges, sowie die Anbahnung enger Beziehungen zur Versicherungswirtschaft mit dem Ziele der speziellen Berufsausbildung von Versicherungspraktikern.

Daß die erstere Erweiterung bei einer Fakultät, die Wesentliches zur Entwicklung des Faches Betriebswirtschaftslehre beigetragen hat, den besten Erfolg verbürgte, braucht nicht weiter ausgeführt zu werden.

Die oben genannten Fäden hat der heutige Inhaber des Lehrstuhles, Prof. Rohrbeck, nach längerer Verwaisung desselben wieder aufgenommen, und er hat die Entwicklung planvoll vorwärts getrieben.

Die Fakultät schätzt sich glücklich, einen Mann von solchem wissenschaftlichen Ansehen und mit derartiger Berufserfahrung als Vertreter dieser Disziplin gewonnen zu haben. Indem Prof. Rohrbeck zielbewußt die Gründung des heute zu eröffnenden Instituts betrieben hat, hat er sich unter das Faustische Wort gestellt: „Im Anfang war die Tat". Wer diesen elementaren Satz allen aufbauenden Handelns sich zum Vorspruch wählt, dem wird der Erfolg nicht fehlen.

Die Fakultät hat Herrn Prof. Rohrbeck heute zu danken, für alles, was er in der kurzen Zeit seines Hierseins bereits geleistet hat. Ganz besonders zu danken hat sie ihm dafür, daß er sich durch Schwierigkeiten formaler Art, die sich bei einem Behördenbetrieb nun einmal schwer vermeiden lassen, nicht hat abschrecken lassen, die Verwirklichung seines Zieles herbeizuführen.

Mit diesem Dank an den zukünftigen Leiter des Instituts verbindet die Fakultät den allerherzlichsten Dank an die Versicherungswirtschaft, ohne deren Mithilfe alle diese Bemühungen vergeblich gewesen wären.

Die Versicherungswirtschaft hat in der materiellen und ideellen Unterstützung, die sie hier geleistet hat, ein Mäzenatentum höchster Prägung verwirklicht. Wieder einmal hat sich hier, wie schon bei der Gründung der Handelshochschule Köln — damals durch die Stiftung der Familie von Mevissen — das Wort von den königlichen Kaufleuten aufs Schönste bewährt.

Wir leben heute in einer Zeit, die wirtschaftspolitisch gesehen, viele Züge mit der des 18. Jahrhunderts gemein hat, einer Zeit, in der in Deutschland die Wirtschaftswissenschaften noch unter der Bezeichnung Kameralwissenschaft gelehrt wurden.

Die Männer, die diese Disziplin vertraten, sahen ihre Aufgabe fast einzig und allein in der Hebung der Wohlfahrt des Staatsganzen.

Einer ihrer bedeutendsten Köpfe, der unter Friedrich dem Großen und Maria Theresia lehrend und gestaltend gewirkt hat, „von Justi", hat den Gelehrten seiner Zeit einen Satz zugerufen, den auch heute jeder Wirtschaftswissenschaftler sich täglich vor Augen halten soll: „Die Gelehrten", so sagt er, „sollen sich fragen, ob dasjenige, womit sie sich öfters ihr ganzes Leben lang beschäftigen, dem gemeinen Wesen auch den geringsten Nutzen bringe".

Im vorliegenden Falle braucht diese Frage nicht mehr gestellt zu werden. Im Gegenteil es darf der Hoffnung Ausdruck verliehen werden, daß der Nutzen, der aus der hier begonnenen Tat dem gemeinen Wesen erwachse, alle Erwartungen weit übertreffen möge.

Im Namen meiner Fakultät bitte ich, dem Kinde, das heute aus der Taufe gehoben wurde, dies als Geleitspruch mit auf den Weg geben zu dürfen.

4. Professor Dr. Walter Rohrbeck,

Direktor des Instituts für Versicherungswissenschaft.

Werden und Wesen des Instituts für Versicherungswissenschaft.

Mit besonderem Danke für die freundlichen Begrüßungsworte Sr. Magnificenz, des Herrn Rektors der Universität, und für die herzlichen Geleitworte Sr. Spectabilität, des Herrn Dekans der Wirtschafts- und Sozialwissenschaftlichen Fakultät, ist es auch mir als dem Leiter des neuen Instituts für Versicherungswissenschaft eine angenehme Pflicht, Sie willkommen zu heißen. Ich darf dabei zugleich auch im Namen der Lehrkräfte des Instituts handeln.

Die Errichtung dieses Instituts bedeutet für die Universität Köln eine Anerkennung für das Interesse, das sie im Aufbau ihres Lehrplans von Beginn an dem Studium der Versicherungswissenschaft gewidmet hat und das bereits in der Handelshochschule Köln seinen Ausgang genommen hat. Schon im Oktober 1903 wurde an der 1901 eröffneten Handelshochschule in Köln ein etatmäßiger Lehrstuhl für Versicherungswissenschaft eingerichtet und dem im Wintersemester 1901 habilitierten Professor Moldenhauer übertragen. Vorlesungen über Einführung in das Versicherungswesen, Privatversicherungsrecht, die einzelnen Versicherungszweige, Sozialversicherung, Versicherungsmathematik, statistische Grundlagen des Versicherungswesens und Wahrscheinlichkeitsrechnung, Theorie und Praxis des Feuerversicherungswesens, dazu Übungen, Examinatorien und Seminar wurden abgehalten. Neben Prof. Moldenhauer lehrte, hier vornehmlich Prof. Wygodzinski, Prof. Dr. Hausdorff, Dr. Worms, Prof. Dr. Helpenstein. Schon in dem von der Handelshochschule Köln herausgegebenen Lehrplan für einen zweisemestrigen Studiengang ist Versicherungswesen und Versicherungsrecht von vornherein als Lehrfach vorgesehen. Ein Seminar für Versicherungslehre mit einem Assistenten und einer Assistenz wurde in den Etat der Universität eingestellt. Die Universität Köln führt zur Zeit von allen deutschen Hochschulen den einzigen selbständigen Lehrstuhl für Versicherungswissenschaft.

Als meine Berufung aus der Wirtschaft nach einer mehr als fünfjährigen Lehrtätigkeit an der Wirtschaftshochschule Berlin erfolgte, hielt ich mit Rücksicht auf diese jahrzehntelange Vorzugsbehandlung der Versicherungswissenschaft durch die Kölner Universität den Ausbau des Seminars durch die Errichtung eines Institutes für berechtigt und erforderlich, nachdem 1938 in Leipzig und 1939 in Berlin solche Institute geschaffen worden waren. Einen besonderen Dank schulde ich dabei dem Reichswissenschaftsministerium, vor allem Herrn Ministerialrat Kasper, der von vornherein die Idee eines Instituts in Köln begrüßte und sie fortlaufend gefördert hat. Ich wandte mich nun in Berlin zunächst persönlich an Herrn Generaldirektor FORSTREUTER vom Gerlingkonzern, von dem die Gründung des Instituts eigentlich ausgegangen ist. In entgegenkommenster Weise sagte er für seinen Konzern die Durchführung der Gründung und seine Finanzierung zu. Gemeinsam mit dem Herrn Oberbürgermeister der Hanse-Stadt Köln Dr. Schmidt als dem Vorsitzenden des Kuratoriums der Universität richtete er einen Appell an die Kölner Versicherungswirtschaft und beauftragte Herrn Direktor Dr. JOHN, der ja der Universität aus seinen Vorlesungen über Versicherungsfragen aus der Praxis kein Fremder ist, mit der weiteren Bearbeitung. Der zielbewußten und unermüdlichen Arbeit des Herrn Dr. John ist die schnelle Verwirklichung des Planes zu danken. Der inzwischen uns aufgezwungene Krieg verzögerte zwar die Eröffnung des Institutes, zumal ja auch die Universität Köln zunächst ihre Pforten geschlossen hatte, konnte aber sein Zustandekommen nicht mehr gefährden. Die rheinische und westfälische Versicherungswirtschaft schritt am 6. Februar dieses Jahres zur Gründung und betonte dabei ausdrücklich, daß es der ungebrochenen Kraft der deutschen Wirtschaft entspreche, auch im Kriege der Erforschung wissenschaftlicher Grundlagen des Versicherungswesens volle Aufmerksamkeit zu widmen. Das Kölner Institut will sowohl der Forschung als auch ganz besonders der Lehre dienen. Eine Eigenart des Kölner Instituts ist es, daß es über die Universität Köln hinaus seine Ausbildungstätigkeit ausdehnen will. Rheinland und Westfalen wird versicherungswirtschaftlich nicht nur durch die hier ansässigen Gesellschaften bearbeitet, sondern trägt auch eine sehr bedeutende Zahl von Geschäftsstellen aller Versicherungszweige von auswärtigen Versicherungseinrichtungen. Vermutlich wird die Zahl der in diesen Geschäftsstellen tätigen Gefolgschaftsmitgliedern der Zahl der Direktionsangestellten in Rheinland und Westfalen nahekommen. Auch unter den Gefolgschaftsmitgliedern dieser Geschäftsstellen besteht ein starker Drang nach Ausfüllung der Lücken in der fachlichen Bildung, nach theoretischer Weiterentwicklung der praktischen Erfahrungen, nach Beschäftigung mit allen aus der Zeit geborenen Problemen der Versicherungswirtschaft und des Versicherungsschutzes. Das Institut wird daher jeweils nach Wunsch der Versicherungswirtschaft an den großen Industrie- und Wirtschaftszentren von Rheinland und Westfalen Vorträge und Kurse abhalten. Eine erste Tagung in Dortmund ist bereits auf Anregung von Herrn Generaldirektor BÖKENKAMP eingeleitet. Das hat dazu geführt, daß zu den Förderern des Instituts außer allen in Rheinland und Westfalen ansäßigen Versicherungsgesellschaften erfreulicherweise auch eine große Anzahl auswärtiger Gesellschaften gehört, die in Rheinland und Westfalen Geschäftsstellen unterhalten und sich damit diese Bildungsmöglichkeit für ihre Gefolgschaftsmitglieder gesichert haben. Da das Institut aber darüber hinaus auch dem Studium und der Erforschung des ausländischen Versicherungswesens seine besondere Aufmerksamkeit widmen soll, so haben auch dankenswerter Weise einige Rückversicherungsgesellschaften mit Sitz außerhalb unseres Arbeitsgebiets uns ihre Unterstützung zuteil werden lassen. Ich habe mich sehr gefreut, daß meine Kollegen an den übrigen Hochschulen, die sich mit Versicherungswissenschaft befassen, der Gewinnung von Mitgliedern ihres eigenen Fördererkreises für unser Institut nicht widerstrebt haben. Sie dürfen der Überzeugung sein, daß sich Köln nicht etwa eine Vorherrschaft anmaßt, sondern daß wir den besonderen Verhältnissen von Rheinland und Westfalen entsprechend den finanziellen Boden für unsere Unterrichtsgedanken nur in der vorgenommenen Ausweitung unseres Fördererkreises finden konnten. Schließlich ist auch die Sozialversicherung in den Kreis unserer Förderer getreten, voran die Landesversicherungsanstalt für die Rheinprovinz. Ihr Interesse an unserer Arbeit beweist der Vortrag des Herrn Landesrat Dr. NÜSSEL für heute Nachmittag. Mit dem Institut für Arbeitspolitik unter Leitung des Herrn Dozenten Dr. HORSTEN haben wir dabei eine sachliche Arbeitsteilung vereinbart, die uns die technische Behandlung der Sozialversicherung im ganzen Umfange überläßt.

Da 76 Versicherungsbetriebe dem Kreis unserer Förderer angehören, ginge es zu weit, alle die Namen derjenigen Persönlichkeiten aufzuführen, die hier für uns gewirkt haben. Es sind, wie ich stolz bekennen kann, sehr viele und alle haben mit besonderer Herzlichkeit geholfen. Ich habe ein Verzeichnis der Förderer auf ihre Plätze gelegt, aus der Sie die Zusammensetzung unseres Fördererkreises ersehen.[1] Er hat sich inzwischen wiederum erweitert und ist noch keinesfalls abgeschlossen. Ich darf aber zusammenfassend sowohl in meinem Namen, als im Namen der Lehrkräfte des neu geschaffenen Instituts für diese außerordentliche Anerkennung unserer wissenschaftlichen Bestrebungen den allerherzlichsten Dank aussprechen. Daß die Herren des Vorstandes der Förderervereinigung, vor allem Herr Generaldirektor HAUS und sein Kollege, Herr Direktor RUESS, mit ihren weitreichenden Beziehungen nach allen Ländern, Herr Direktor Dr. JOHN mit seiner bleibenden Fürsorge für das Institut, Herr Direktor KNOLL für die mühevolle und zeitraubende Arbeit des Schriftführers und Herr Direktor FINKE und sein Vertreter, Herr Rechtsanwalt Dr. ROTH, für die nicht minder aufopfernde Tätigkeit als Schatzmeister der Förderervereinigung bereits wesentlich zu der Ausrichtung unserer heutigen und künftigen Arbeit beigetragen haben und für sie nach jeder nur irgendwie denkbaren Weise, ohne besondere

[1] Siehe S. 30.

Aufforderung, ganz aus dem inneren Gefühl der Verantwortung für das Institut eingetreten sind, bedeutet eine pflichtgemäße Anerkennung, die mich als Leiter des Instituts mit besonderem Dank erfüllt. Sie hat in mir die unerschütterliche Gewißheit begründet, daß sich hier in Köln eine reiche und vielseitige Lehr- und Forschungstätigkeit entwickeln lassen wird, die unserer gesamten deutschen Wirtschaft zugutekommen muß. Von ihr werden nicht nur die Versicherungsbetriebe für ihren Nachwuchs, sondern auch die Versicherungsnehmer für die Erkenntnis ihrer Bedürfnisse Nutzen ziehen. Daher ist es uns eine außerordentliche Freude, daß zu den Freunden des Instituts schon heute sehr angesehene deutsche Industriefirmen zählen, die uns für die Bücherei und für Führungen der Studenten durch die Betriebe der schaffenden Wirtschaft Mittel zur Verfügung stellten. Wir sind entschlossen, die Gelegenheit, die uns hier geboten wird, zu nutzen und auf ein immer stärkeres Verständnis von Versicherungsverständigen mit der Versicherungsnehmerschaft hinzuarbeiten. Denn nur so können wir in unserer Arbeit dem Volke wertvolle Dienste leisten, indem wir dem Nachwuchs lehren, die Augen aufzuhalten und den Versicherungsschutz immer wieder nach den jeweiligen Bedürfnissen der sich ständig verändernden Wirtschaft umzugestalten. Wer die Versicherungswirtschaft als eine rein verwaltende Tätigkeit ansieht, kann kein Jünger der neuen Ordnung werden. Immer im Kampf um den Fortschritt können nur die besten Kenner des wirtschaftlichen Lebens die richtigen und sicheren Führer der versicherungswirtschaftlichen Betriebe abgeben. Daß wir hier solche Menschen aus den tüchtigsten Kräften des Volkes heranbilden können, verdanken wir einer schon seit 1936 bestehenden Stiftung der Rheinischen Provinzial-Feuerversicherungsanstalt und ihrem Generaldirektor GÖBBELS. Ich hoffe, daß wir damit vielen jungen Menschen die Wege zur Erkenntnis des interessanten und vielseitigen Versicherungswesens aus Kreisen erschließen können, die die Mittel zum Studium aus eigenem Vermögen oder Einkommen nicht aufzubringen vermöchten. So können wir auch unsererseits den Leistungswettbewerb fördern.

Nachdem seit Gründung der Förderervereinigung und der heutigen Eröffnung des Instituts nun ein Dreivierteljahr verstrichen ist, kann ich Ihnen auch schon aus dem Wirken des Instituts einiges mitteilen. Mein erstes Bestreben war, nachdem Rektor und Kuratorium ihr größtes Wohlwollen für das Institut bekundet hatten, innerhalb der Wirtschafts- und Sozialwissenschaftlichen Fakultät und mit der beteiligten juristischen, philosophischen und medizinischen Fakultät eine Verbindung zu schaffen, aus der eine lebendige Weiterentwicklung des Instituts erwachsen sollte. Denn schon von jeher habe ich den Standpunkt vertreten, daß eine Isolierung der Versicherungswissenschaft für Forschung und Lehre bedenklich ist und nur eine ständige Berührung mit den gesamten Geistes- und Naturwissenschaften diejenige Bereicherung des Wissens und der Grundlage schafft, die für eine volkswirtschaftliche Auswertung des Versicherungswesens unablässig ist. Mit größtem Danke darf ich feststellen, daß dem jungen Institut von allen Seiten eine so uneingeschränkte und lebhafte Förderung zuteil geworden ist, wie ich sie kaum erwarten durfte. Volkswirtschaftler, Betriebswirtschaftler, Statistiker, Soziologen, Juristen, Mathematiker und Mediziner haben sich sofort persönlich mit ihren Erfahrungen und ihrem Wissen zur Verfügung gestellt und nicht die geringste bürokratische Hemmung stört die freundschaftliche Zusammenarbeit des Instituts mit allen Wissensgebieten. So ist es auch zu verstehen, daß noch während des Krieges im besten Einvernehmen aller beteiligten Ressorts zwei neue Lehraufträge für Versicherungsmathematik und Lebensversicherungsmedizin beantragt und genehmigt werden konnten und daß im nächsten Trimester bereits das versicherungswissenschaftliche Studium aus 12 Sondervorlesungen aus dem Gebiete des Versicherungswesens bestehen wird. Noch ist die Hörerzahl naturgewäß durch den Krieg beschränkt, aber ein fester Kern für die jetzige und künftige Forschung ist bereits vorhanden, so daß auch eine Reihe von Arbeiten in die Wege geleitet werden konnten, die nach dem Kriege herauskommen werden. Die Themen betreffen die verschiedensten Gebiete. Die dem engeren Kreise des Instituts angehörigen Lehrkräfte haben meine Auffassung geteilt, daß es z. Zt. an geeigneten Lehrmitteln auf den wichtigsten Gebieten unserer Wissenschaft fehlt und daß wir diese in erster Linie schaffen müssen. So wird ein Grundriß des Versicherungsvertragsrechts dringend gebraucht. Herr Oberlandesgerichtsrat ROEHRBEIN ist mit der Abfassung bereits beschäftigt. Die Lebensversicherungsmedizin ist seit längerem systematisch vernachlässigt, Herr Dr. BODEN will einen kurzen Abriß der Lebensversicherungsmedizin nach den neuesten Erfahrungsgrundlagen demnächst herausbringen. Herr Dr. MINZ hat sich bereit erklärt über die Probleme der Prüfung von Versicherungsgesellschaften eine Darstellung zu bringen. Durch das freundliche Entgegenkommen des SPRINGERschen Verlages, eine Schriftenreihe des Kölner Instituts herauszubringen, werden wir in der Lage sein, laufend die Ergebnisse unserer Arbeit bekannt zu geben.

Das Instituts besteht aus vier Abteilungen: Die erste Abteilung behandelt die Versicherungswissenschaft und die Versicherungswirtschaft. Herr Prof. Dr. BREUER hat uns freundlicherweise für die Statistik seine Hilfe zugesagt. In dieser Abteilung lesen außer mir: Herr Direktor Dr. JOHN, Herr Dr. MINZ und im Rahmen der Übungen und des Seminars der etatmäßige Assistent des Instituts Herr Dr. ALVERMANN.

Die zweite Abteilung betrifft das Versicherungsrecht. Sie wird von Herrn Oberlandesgerichtsrat ROEHRBEIN geführt, der über Privatversicherungsrecht liest und in einem regelmäßigen Turnus, von mir hinsichtlich des Aufsichtsrechts unterstützt wird. Sie bedarf noch der Ergänzung.

Die dritte Abteilung, die Versicherungsmathematik, leitet Herr Prof. Dr. DÖRGE. Sie soll allmählich stärker entwickelt werden. Ein Lehrauftrag ist hier für Herrn Direktor MÜLLER von der Concordia erteilt, der aber zur Zeit im Felde steht. Herr Prof. Dr. DRUXES hat uns bereitwilligst seine Lehrtätigkeit inzwischen zur Verfügung gestellt.

Die vierte Abteilung führt Herr Prof. Dr. COERPER, der selbst über Sozialversicherungsmedizin liest und von Herrn Stadtmedizinalrat Dr. SCHWELLNUS hinsichtlich der Unfallversicherungsmedizin und Herrn Chefarzt Dr. BODEN hinsichtlich der Lebensversicherungsmedizin unterstützt wird.

Mit der Kölner Vereinigung für Versicherungsfachwissen, deren Vorstand seit Gründung die Herren Direktor Dr. JOHN, Dr. HAX und Direktor DOPKE bilden, verbindet uns harmonische Zusammenarbeit. Seit über zehn Jahren ist in dieser Vereinigung eine Fülle von Vortragsthemen aus allen, die Praxis interessierenden Gebieten behandelt worden. Darin soll keine Änderung stattfinden. Unsere gleichartige Arbeit werden wir mehr in systematischen Zusammenfassungen einzelner Großgebiete sehen und etwa Vortragstage einführen in Abständen von 2—3 Monaten. Dadurch wird es uns möglich sein, bestimmte Probleme in ihrem ganzen Umfange und von allen Seiten aus zu behandeln. Wir hoffen, daß diese Art der Behandlung dazu führen wird, daß auch die nicht in Köln ansässigen Gesellschaften unseres Gebietes, begabte und entwicklungsfähige Gefolgschaftsmitglieder zu solchen Tagungen abordnen werden. So ist schon für den Dezember eine solche Tagung über das Gebiet der See- und Transportversicherung, im Frühjahr über die Krankenversicherung vorgesehen. Im Laufe der Entwicklung soll auch Doktoranden und Seminarmitgliedern, die das Zeug dazu besitzen, Gelegenheit gegeben werden, auf solchen Tagungen durch Referate sich zu bewähren und bekannt zu machen, so daß allmählich und systematisch für die Arbeit auf allen Wissensgebieten unseres Faches ein geeigneter Nachwuchs herangebildet wird. Für die landwirtschaftliche Versicherung haben wir mit dem Institut für landwirtschaftliche Betriebswirtschaft in Bonn und ihrem Leiter, Herrn Prof. Dr. BRINKMANN eine Zusammenarbeit in Aussicht genommen. Mit den Verwaltungsakademien in Köln, Düsseldorf und Essen und ihren Leitern besteht auch eine persönliche Verbindung. Wir hoffen, daß es auch bald möglich sein wird, regelmäßig das Feuerversicherungsmuseum der Aachener und Münchener Feuerversicherungsgesellschaft in Aachen zu Studienzwecken zu benutzen und mit der Technischen Hochschule in Aachen und der von ihr seit Jahrzehnten durchgeführten Ausbildung von Feuerversicherungsingenieuren in ständigen Gedankenaustausch zu gelangen. Von vornherein ist durch Fühlungnahme mit den zuständigen Stellen der deutschen Arbeitsfront im ganzen Bezirk, in Köln noch besonders mit der Leitung der Robert-Ley-Schule, und den Berufs- und Handelsschulen ein gegenseitiges Einvernehmen gesichert. Mit besonderer Freude begrüßen wir die laufende Mitarbeit des Herrn Dr. HAX, der auch für die Einrichtung unseres Archivs und seine Ausgestaltung uns sehr wertvolle Dienste aus seiner Unterrichtserfahrung heraus geleistet hat.

Die Bücherei war durch die mehrjährige Verwaisung des Lehrstuhls sehr ergänzungsbedürftig. Soweit dafür ältere Bücher in Frage kamen, hat uns Herr Prof. Dr. GROSSE aus dem Bestande des Instituts in Leipzig, Herr Prof. MÖLLER aus der Bücherei des Seminars in Hamburg und Herr Rechtsanwalt Dr. v. D. THÜSEN mit vielen Hinweisen und Hilfen des Deutschen Vereins für Versicherungswissenschaft unterstützt. Im übrigen haben wir Wert darauf gelegt, die Randgebiete des Versicherungswesens in Sammelwerken zu besitzen und Nachschlagebücher verschiedenster Art, Lexika, Sammlungen von Entscheidungen des Reichsgerichts, des Reichsfinanzhofes und der Arbeitsgerichte anzuschaffen, so daß derjenige, der im Versicherungsseminar arbeiten will, dies auch hinsichtlich der das Versicherungswesen berührenden Grenzgebiete ungehindert tun kann und nicht fortgesetzt für Quellen, die nicht rein fachliche Gebiete betreffen, andere Büchereien und Seminare aufsuchen muß. Natürlich ist dabei die Grenzziehung nicht immer leicht, die Mannigfaltigkeit des Versicherungswesens gebietet an sich eine große Vielseitigkeit der Bücherei, die aber wieder mit den Etatmitteln abgestimmt werden muß. Über 1000 Schriften d. h. über 50% mehr an Zugängen von Büchern wurden 1940 inventarisiert als 1931—1939 zusammen eingetragen waren. Die Arbeit, die uns bevorsteht, ist Anfertigung eines Sachkataloges. Der bisherige Katalog wurde aufgegeben, sämtliche etwa 3600 Schriften auf eine Namens- und Standortkartei aufgetragen und vollständig neu eingereiht.

Da das deutsche Versicherungsfachbuch sehr zerstreut verlegt ist, hat auf unsere Anregung die Universitätsbuchhandlung Oskar Müller mit dieser Eröffnungstagung eine besondere Ausstellung des deutschen Versicherungsfachbuches und der deutschen Verleger in den Ausstellungsräumen der Universität verbunden. Herrn Prof. Dr. CORSTEN danke ich für seine wertvolle Unterstützung bei dieser Ausstellung. Der Besuch, den diese Ausstellung schon am ersten Tage erhalten hat, zeigt das Interesse, das für das Versicherungsfachschrifttum in der Versicherungswirtschaft besteht.

Das Seminar für Versicherungslehre besaß eine sehr umfangreiche Sammlung von Geschäftsberichten, sowohl der Privatversicherungseinrichtungen als auch der Sozialversicherungsträger. Im Laufe der Zeit waren hier manche Lücken entstanden. Es ist uns inzwischen gelungen, diese Lücken auszufüllen und die weitere Ausdehnung der Sammlung auf bisher nicht erfaßte Betriebe zu erreichen. Überall ist unserer Bitte bereitwilligst entsprochen worden.

Was uns aber mit Genugtuung und Stolz erfüllt, ist die rege Anteilnahme, die alle Mitglieder unserer Förderervereinigung bisher bereits unserem werdenden Institut entgegengebracht haben. Wie haben sich hier die Zeiten geändert! Als ich meine eigene Doktorarbeit schrieb und dazu allerlei Unterlagen von den Versicherungseinrichtungen eines Versicherungszweiges erbat, war ein Verbandsbeschluß dieser Gesellschaften nötig, um diese Unterlagen, die übrigens jeder Agent besaß, ausgehändigt zu erhalten. Das ist ganz anders geworden. Mit größter Sorgfalt und regstem Interesse an dem Gegenstand unserer Bitte haben unsere Mitgliedsgesellschaften trotz der Behinderung durch die Kriegsverhältnisse uns ihre Archive erschlossen. Wir haben ein Anschauungsmaterial erhalten, das, wie ich glaube, einzigartig ist. Für jede Versicherungsart verfügen wir über genaue Grundlagen, für die verschiedensten Versicherungszweige haben wir in einzelnen Sammelmappen einen Gesamtüberblick über den ganzen Geschäftsbetrieb einschließlich Buchhaltung und Organisation anlegen können. Hier kann eine Weltfremdheit nicht mehr bestehen. Selbst für das Gebiet der Sozialversicherung verdanken wir der Landesversicherungsanstalt Düsseldorf einen erstaunlich weitgehenden Einblick in die Geschäftshandhabung der Sozialversicherungsträger. Die Hilfe, die uns hier zuteil geworden ist und die unseren Studenten bestens zugutekommen wird, ist umso anerkennenswerter, als sie sich nicht nur auf die Gegenwart beschränkt. Meiner Bitte, auch der geschichtlichen Entwicklung der Versicherungsbedingungen und Tarife durch Übersendung der verschiedenen Fassungen möglichst von Einführung des Versicherungszweiges an Rechnung zu tragen, haben bereits eine Reihe von Praktikern entsprochen, so Herr Direktor Märklin — Allianz für die Unfall-, Herr Generaldirektor Wiedemann — Frankfurt —für die Wasserleitungs-, Glas- und Einbruchdiebstahl-, die Direktion der Allianz — Berlin für die Maschinenversicherung, die Herren Direktoren Odenbreit und Camphausen — Agrippina für die Kraftfahrzeug- und Transportversicherung, Herr Generaldirektor Vollert — Gotha für die Feuerversicherung auf Gegenseitigkeit; für die Haftpflicht-, die industrielle Feuer-, die Kreditversicherung sind solche Sammlungen uns von Herrn Direktor Jannot, der Colonia und Herrn Direktor Bösenecker nach dem Kriege zugesagt. Herr Generaldirektor Schwalge gestattete eine eingehende Besichtigung der Deutschen Beamten-Krankenversicherung, Herr Generaldirektor Teichmann förderte unsere Kenntnis der Entwicklung der Krankenversicherung durch Übersendung wertvollen, auch älteren Materials. Der Student wird also für alle Versicherungszweige die Entwicklung der jetzigen Rechtsgrundlagen bei uns in ihrer Entstehung verfolgen und damit bestens verstehen können. Darüber hinaus besitzen wir eine Reihe alter Urkunden von den privatwirtschaftlichen Unternehmungen und der öffentlich-rechtlichen Anstalt der Rheinprovinz, seltener alter Geschäftsberichte aus für die Versicherung besonders interessanten Zeiten, wie dem Hamburger Brand von 1842, interessante Schadenakten, Dispachen u. dgl., die es uns ermöglichen werden, den Unterricht plastisch zu gestalten und in die praktische Handhabung des Versicherungsgeschäfts einzuführen. Die Ostmark hat sich durch liebenswürdige Vermittlung des Herrn Direktor Dr. MUCHA auch lebhaft an der Ausgestaltung unseres Archivs beteiligt. Ferner gibt eine umfangreiche Sammlung von Werbematerial aus dem Reichsgau Sudetenland unseren Studenten auch hier manchen Aufschluß. Herr Generaldirektor TUMA — Prag hat uns eine sehr gediegene, künstlerisch ausgestattete Sammlung aller Versicherungszweige des Protektorats besorgt, für die wir ihm ebensosehr verbunden sind wie für die telegraphischen Glückwünsche, die er uns zum heutigen Tage sandte. Mit besonderem Dank habe ich die Stiftung des Herrn Direktor Ernst VESPER von der Rheinisch-Westfälischen Lebensversicherung zu erwähnen. Herr Direktor Vesper hat sich seit vielen Jahren mit der Sammlung der Satzungen und Geschäftsunterlagen der deutschen Sterbekassen befaßt. Er ist ein bekannter Schriftsteller auf diesem Gebiete. Er hat diese Dokumente ursprünglichen volksmäßigen Versicherungsschutzes als lebendige Quelle der Erkenntnis des deutschen Versicherungswesens mit Liebe und Sorgfalt behandelt und viele Praktiker gewonnen, ihm bei der Sammlung zu helfen. Das Opfer, das er dem Institut gebracht hat, diese Arbeit vieler Jahre uns zur Verfügung zu stellen, ist ein außerordentlicher Beweis für seine Wertschätzung wissenschaftlicher Ausbildung. Wir werden dadurch seinen Namen und seine Gabe bei uns in Ehren halten, daß wir diese Sammlung in einem besonderen Schrein mit der Aufschrift „Ernst Vesper-Stiftung" aufbewahren und unseren Studenten zugänglich machen. Ein Abdruck der Stiftungsurkunde des Herrn Direktor Vesper finden Sie auf Ihren Plätzen.[1] Wir freuen uns, daß er uns in unserer Schriftenreihe eine zusammenhängende Darstellung des Sterbekassenwesens geben will. Außerordentlich sind wir auch Herrn Direktor LABES von der Kölnischen Rückversicherung verbunden für die wertvollen Stiftungen zu unserer Bücherei. Nachdem wir schon durch testamentarische Verfügung des Herrn Prof. HELPENSTEIN seine Bücherei übernommen hatten, hat Herr Direktor Labes uns die wertvolle Fachbibliothek seines leider zu früh verstorbenen Vaters zur Verfügung

[1] Siehe S. 34.

gestellt, dessen Ansehen als langjähriger Direktor der Providentia in uns älteren Fachleuten festwurzelt. Wir haben diese Bücher mit einem entsprechenden Stempelaufdruck versehen und zahlreiche weitere Bücherspenden der Kölnischen Rückversicherung, die das ausländische Versicherungsschrifttum betreffen mit großer Freude eingeordnet. Das schien uns zunächst die größte Schwierigkeit zu sein, die Bücherei auf das Auslandschrifttum auszudehnen. Aber auch hier haben sich überraschend viele helfende Hände gezeigt. Die weitreichenden Verbindungen der Colonia haben uns aus der Schweiz, Italien, Rumänien, den skandinavischen Ländern wertvolles und sehr eingehendes Material für unser Archiv beschafft, niederländisches Schrifttum sowie Tarife erhielten wir mit Unterstützung der Frankona Berlin von ihrer Tochtergesellschaft, der Universeele in Amsterdam. Die Schweizerische Rückversicherungsgesellschaft in Zürich hält uns auf Veranlassung von Herrn Generaldirektor Bebler drei Fachzeitschriften und übersandte uns eine Sammlung wertvollen Schweizer Schrifttums und Schweizer Geschäftsgrundlagen. Mit anderen Ländern sind Verbindungen im gleichen Sinne angeknüpft. Die freundlichen telegraphischen Glückwünsche der Handelsuniversität Tokio und des Versicherungsseminars der Universität Tokio lassen erkennen, daß mit der angehenden Versicherungswissenschaft ein reger Gedanken- und Schriftenaustausch zu erwarten ist. Die Handelshochschule in Kobe hat auf dankenswerte Veranlassung von Prof. Dr. S. Shirasugi mit der regelmäßigen Übersendung japanischer wissenschaftlicher Veröffentlichungen bereits begonnen. Bei der Vermittlung des Auslandsschriftverkehrs leistete uns das Auslandsamt der Dozentenschaft und ihr Leiter, Herr Prof. Dr. Gierlichs, wertvolle Hilfe.

Sehr dankbar bin ich auch für das Interesse gewesen, das der Herr Präsident des Reichsaufsichtsamtes Amend unserer Arbeit gewidmet hat. Wenn er auch infolge seiner starken Belastung den ursprünglichen Gedanken, in dieser Tagung einen Vortrag zu übernehmen, nicht ausführen konnte, so haben wir ihm doch die regelmäßige Übersendung der Rundverfügungen des Amtes zu verdanken, ohne die unsere Lehrtätigkeit Gefahr liefe, unvollständig zu werden. In ähnlicher Weise unterstützen uns zahlreiche Wirtschaftsgruppen, wozu der Leiter der Reichsgruppe, Herr Direktor Hilgard, uns freundlicherweise den Weg geebnet hat.

Dank schulde ich den Vortragenden des heutigen Tages, den Herren Prof. Dr. Weber, Direktor Gehrke, Landesrat Dr. Nüssel und Dr. Boden, die zum Teil sogar eine Reise nach Köln nicht scheuten, um uns in unserer Arbeit zu unterstützen.

Ganz besonderen Stolz empfinde ich aber, daß der Nestor der deutschen Versicherungswissenschaft, Herr Geheimrat Dr. Samwer, trotz seines hohen Alters und der heutigen Schwierigkeiten der Reise, hier erschienen ist und an der Eröffnung des Instituts persönlich Anteil nimmt. Ich erachte das als ein außerordentlich günstiges Vorzeichen für unsere Arbeit, allerdings auch als eine Verpflichtung. Denn wenn Persönlichkeiten, wie Herr Geheimrat Samwer, die sowohl als Betriebsführer wie als Wissenschaftler seit Jahrzehnten in Deutschland und darüber hinaus in der ganzen Welt das größte Ansehen und die höchste Achtung genießen, unser Institut mit aus der Taufe heben, so sehe ich darin eine besondere Anerkennung für den Gehalt der Bestrebungen der Universität Köln, der wir schulden, keine Mühe zu scheuen, um unsere Arbeit in allen ihren Teilen für das Gesamtwohl unseres Volkes fruchtbar zu gestalten.

Über den Inhalt unserer Arbeit und das, was ich unter Versicherungswissenschaft verstehe und wie sich Versicherungswissenschaft und Versicherungswirtschaft verhalten, habe ich gestern in meiner bis zu dieser Eröffnung verschobenen Antrittsvorlesung gesprochen.[1] Ein erweiterter Abdruck meiner Ausführungen liegt auf ihren Plätzen. Viele Probleme liegen vor uns, an denen wir mitschaffen können und mitschaffen wollen. Möge der Geist, der dieses Institut geschaffen und es bisher geführt und gepflegt hat, immer erhalten bleiben. Es ist der Geist des Ringens um Erkenntnis dessen, was das deutsche Volk aus der Versicherung an Sicherheiten und Gütern gewinnen kann und gewinnen soll, auf daß Deutschland lebe und gedeihe. Die heilige Verpflichtung, die ich aber als Leiter dieses Instituts übernehme, liegt in der Verantwortung, alle die geistigen und materiellen Opfer, die diesem Institut bereits geleistet sind und noch geleistet werden, durch Arbeiten zu rechtfertigen, die unserem geliebten Vaterlande und den schaffenden deutschen Menschen nützlich und wertvoll sind.

5. Generaldirektor Haus (Colonia),

Vorsitzender des Vereins der Förderer des Instituts für Versicherungswissenschaft.

Versicherungswirtschaft und Versicherungs wissenschaft.

Das Thema, das ich nach der in Ihren Händen befindlichen Vortragsfolge behandeln möchte, soll nicht etwa ein Gegenstück zu den Ausführungen des Herrn Prof. Dr. Rohrbeck in seiner gestrigen Einführungsvorlesung bilden. Als Mann der Praxis will ich Ihnen vielmehr lediglich die Gedankengänge darlegen, die die Versicherungswirtschaft zur

[1] Siehe S. 60.

Gründung dieses Instituts und seiner Finanzierung geführt haben und die auch seine künftige Ausgestaltung bestimmen werden. Daraus ergibt sich ganz zwangsläufig die Einstellung der Versicherungswirtschaft zur Versicherungswissenschaft.

Nachdem um die Jahrhundertwende die Gründung des Deutschen Vereins für Versicherungswissenschaft in Berlin vorgenommen worden war, hat sich jahrzehntelang die wissenschaftliche Bearbeitung der Probleme des Versicherungswesens an dieser Stelle konzentriert. Privat- und Sozialversicherung, Wirtschaft, Recht, Mathematik und Medizin trafen sich hier zu gemeinsamer Erörterung allgemein interessierender Fragen. Wenn nun seit 1938 neben diesem geistigen Mittelpunkt nicht weniger als drei wissenschaftliche Institute, und zwar in Leipzig, Berlin und Köln errichtet worden sind, ist das sicherlich kein zufälliges Zusammentreffen. In unserer einheitlich gelenkten Wirtschaft müssen alle Räder des wirtschaftlichen Aufbaus unseres nationalen Lebens ineinandergreifen. Es gilt heute nicht mehr allein für die Entwicklung der Versicherungswirtschaft die wissenschaftliche Forschung einzusetzen, sondern wir Versicherungswirtschaftler empfinden ganz besonders unsere Verpflichtungen gegenüber der Volksgemeinschaft, deren Gelder wir für sie sorgfältig und zweckmäßig verwalten sollen; die wissenschaftliche Forschung braucht daher einen größeren Rahmen. Sie strebt aus einer ihrem innersten Wesen fremden Isolierung heraus in die großen Zusammenhänge, die Volkswirtschaftslehre, Betriebswirtschaftslehre, Mathematik und Statistik, Recht und Medizin ihr erschließen und aus der sie fortlaufend Anregung, Verjüngung und Vervollkommnung für ihre Ziele, dem Volke eine gesunde Sicherung der Wirtschaftsführung zu gewährleisten, empfangen kann. Die Kölner Universität, die zur Zeit den einzigen selbständigen Lehrstuhl für Versicherungswissenschaft besitzt, zeigt dazu eine ganz besondere Eignung. Aber es wäre falsch zu glauben, daß dieses Institut etwa nur Versicherer ausbilden solle. Weder in Leipzig noch in Berlin noch hier kann sich damit die Wirksamkeit eines versicherungswissenschaftlichen Instituts erschöpfen. Schon Prof. Moldenhauer hat stets davor gewarnt, das Studium der Versicherungswissenschaft als reines Brotstudium aufzufassen. Was die ganze Wirtschaft braucht, sind positive Kenntnisse aus dem weitverzweigten Gebiete des Versicherungswesens für alle wichtigen Stellungen.

Die Entscheidungen, die hier der Einzelne über Gehalt und Umfang von Versicherungen in dem ihm anvertrauten Interessenkreis zu fällen hat, die Einsichten, die ihm seine Kenntnisse von der Sozialversicherung für die Entwicklung der sozialen Belange seiner Gefolgschaft vermitteln, sind so verantwortungsvoll und von solcher Tragweite für die Sicherheit der allgemeinen Wirtschaft und die Beständigkeit ihrer Betriebsgestaltung, daß kein Mensch, der damit verantwortlich befaßt ist, genauer Grundkenntnisse des Versicherungswesens entbehren kann. Nur so vorgebildete Männer können der Versicherungswirtschaft auch ihrerseits wieder Winke und Handhaben geben, wo die Wirtschaft bei dem Versicherungsschutz der Schuh drückt und wo die Bedürfnisse der Gesamtwirtschaft eine Erweiterung und Verbesserung des Versicherungsschutzes auch des einzelnen Wagnisses bedingen.

Wir Versicherungswirtschaftler haben jahrzehntelang darunter gelitten, daß die größten Kritiker unserer Arbeit aus Lagern stammten, die der praktischen Tätigkeit im Versicherungswesen fernstanden. Nur zu oft hat die Versicherungswirtschaft, und zwar sowohl die private als auch die öffentlich-rechtliche wie die Sozialversicherung zum Spielball der politischen Parteien gedient. Jede Partei verlangte die alleinige Berücksichtigung der von ihr geäußerten Wünsche, weil sich jede Partei für unfehlbar hielt; eine einheitliche Richtlinie, eine wirkliche Volkswirtschaft fehlte. Das bedeutete für die Versicherungswirtschaft vielfach eine Verzettelung der Kräfte, eine Verteuerung des ganzen Apparates, ein immer wieder neu auftretendes Mißtrauen der Versicherungsnehmer und einen Wettbewerb, der den ethischen Grundlagen des Versicherungsgedankens häufig geradezu widersprach. Wir sind heute froh, daß wir wissen, daß wir uns gemeinsam mit der Staatsführung für die Belange des Volkes einsetzen und unser ganzes technisches Können im reinen Leistungswettbewerb mit einander messen können. Weil wir Verwalter fremden Vermögens sind, fühlen wir die Verantwortung, die uns diese Stellung auferlegt, und suchen nach neuen Wegen, unsere Erfahrungen den ständig wachsenden Ansprüchen der Wirtschaft anzupassen. Aus der Beobachtung des nationalen Wirtschaftsaufbaus entnehmen wir neue Ziele für unsere Arbeit und scheuen auch vor veränderten Versicherungsformen nicht zurück, um diese Ziele zu erreichen. Jeden Rat und jede Untersuchung, die die Wissenschaft anstellt, damit wir schneller die uns gesetzte Aufgabe erfüllen, nehmen wir dankbar an. Denn wir können an den objektiven Feststellungen der Wissenschaft die Aussicht auf Erfolg der eigenen Bestrebungen prüfen. Gerade in Rheinland und Westfalen ist die Versicherungswirtschaft von jeher eng verknüpft mit Industrie, Handel, Handwerk und Landwirtschaft gewesen. Die Fülle von Problemen, die es hier täglich zu lösen gibt, erfordern auf beiden Vertragsseiten Köpfe mit positiven Kenntnissen. Weil wir Versicherungswirtschaftler in die Zusammenhänge der Wirtschaft eindringen müssen, haben wir immer Wert darauf gelegt, daß wir an den verantwortlichen Stellen unserer Verwaltung nicht nur Techniker, sondern wirtschaftlich unterrichtete und volkswirtschaftlich denkende Mitarbeiter beschäftigen. Wir beobachten entsprechend in zunehmendem Maße die Neigung der Wirtschaft, sich genaue Grundlagen unseres Faches, der Versicherungswirtschaft, zu verschaffen; denn auch die Wirtschaft erkennt, daß sie einer genauen Einsicht in die Versicherungstechnik nicht entbehren kann. Betriebskalkulation und Wirtschaftsbestimmung erheischen in einer auf die eigene Kraft allein aufgebauten Volkswirtschaft wie der deutschen eine sorgfältige Abwägung aller Möglichkeiten, das vorhandene Betriebsvermögen soweit als irgend möglich dem Erzeugungs- und Veredelungsprozeß zur Verfügung zu stellen. Eine solche Durchdringung der Wirtschaft mit Sonderkenntnissen auf unserem Gebiete kann aber am wirkungsvollsten an den Hauptquellen der Bildung, den Universitäten und Hochschulen beginnen. Daher ist an den Hauptversicherungsplätzen, wo die Wissenschaft von dem praktischen Leben der Versicherungswirtschaft laufend durchpulst werden kann, die engere Fühlungsnahme mit der Versicherungswirtschaft gegenüber der früheren Forschungsmethode durchaus erklärlich.

Wir haben außerdem das Vertrauen zu der deutschen Wissenschaft, daß sie das Wesen und die technischen Bedingtheiten unseres Wirtschaftszweiges richtig erkennen und damit zu einer allmählich immer stärkeren Einsicht der Öffentlichkeit in die wahren Grundlagen und Möglichkeiten des Versicherungsschutzes beitragen wird. Daher haben wir auch sehr gern unsere Archive geöffnet und werden auch in Zukunft alles tun, um der Wissenschaft die Unterlagen zuzuführen, die sie braucht, um unsere Betriebe und unsere Arbeitsweise bis ins Einzelne kennen zu lernen. Ich habe es deshalb auch sehr begrüßt, daß Herr Prof. Dr. Rohrbeck schon Gelegenheit genommen hat, sein Seminar in einen unserer Betriebe zu führen. Gewiß sind hier gegenüber der vielseitigen Industrie die Arbeitsvorgänge, die wir den Studierenden zeigen können, einfacher, die maschinellen Vorrichtungen nicht so überraschend, es gibt keine Fertigung am laufenden Bande, aber wir glauben den Studierenden doch auch manches aus unserer Arbeit mitteilen zu können, was ihnen später im Leben die Erkenntnis des Versicherungswesens erleichtert und ihnen Verständnis dafür bringt, daß wir zwar Förderer der Wirtschaft, aber keine Zauberer sind.

Weshalb die Versicherungswirtschaft in Rheinland und Westfalen die Errichtung dieses Institutes noch besonders begrüßt, ist die von Prof. Dr. Rohrbeck gestern auch bereits angekündigte Beschäftigung mit dem ausländischen Versicherungswesen und wie ich ergänzen darf, mit der Untersuchung der Aufgaben, die die deutsche Versicherungswirtschaft im Ausland für die Weltgeltung des deutschen Namens zu übernehmen hat. Hier hat der Krieg der Stadt und Universität Köln eine Erweiterung ihres Schaffenskreises gegeben, wie sie noch garnicht richtig zu übersehen ist. Es kann in Köln wieder der alte Hansegeist mit seiner Wirtschafts- und Kulturbestimmung für uns und andere Völker aufleben. Ich bin daher der Auffassung, daß der Deutsche nach dem Kriege Gelegenheit nehmen muß, in ähnlicher Weise, wie er sein eigenes Volk mit seinen Bedürfnissen erkennen und fördern will, auch die Wirtschafts- und Lebensbedingungen der anderen Völker erforschen und verstehen sollte, denen er im Wettbewerb mit den übrigen Ländern der Erde seine Kulturgüter vermittelt. Das deutsche Versicherungswesen hat schon wiederholt von anderen Ländern Anregungen übernommen und zu wertvollen Sicherungsbestandteilen der deutschen Wirtschaft gestaltet. Es legt aber auch Wert darauf, in seiner Auslandsarbeit sich auf die richtige Rechtsgrundlage für den Versicherungsschutz anderer Völker stützen zu können und zu wissen, welche Wünsche hier zur Erfüllung des Versicherungsschutzes bestehen und in welcher Form sie anderen Völkern ihrer Eigenart entsprechend angeboten werden können. Wer nach dieser Richtung die deutsche Versicherungswirtschaft zu Erfolgen führen soll, muß schon als junger Mensch im Ausland gewesen sein, sich mit den ausländischen Sitten und Gewohnheiten vertraut gemacht haben. Erst auf Grund solcher Einsichten kann er alsdann der deutschen Versicherungswirtschaft für die Arbeit im Auslandsgeschäft gute Dienste leisten. Ich weiß, daß das vielen strebsamen jungen Deutschen heute nicht möglich ist, weil sie weder über Beziehungen verfügen, sich eine solche Kenntnis des Auslandes zu verschaffen noch auch die Mittel, sich zur richtigen Erfassung der Auslandsbedürfnisse im Ausland lange genug aufzuhalten. Wir haben daher in unserer gestrigen Vorstandsbesprechung beschlossen, nach dem Kriege hier zu helfen. Wir werden dafür sorgen, daß Versicherungsstudenten, die den Willen haben, durch ihre Leistungen die Weltgeltung des deutschen Namens zu erhalten und zu fördern, Gelegenheit und erforderlichenfalls Mittel erhalten, diese Studien zu betreiben. Allerdings müssen wir dabei verlangen, daß solche Studenten bereits vor dem Studium ihr Praktikum in einem Versicherungsbetriebe abgeleistet haben, damit sie für diese Erkenntnis ausländischen Wesens den richtigen Vergleichsmaßstab besitzen. Das scheint uns ein wesentlicher Beitrag zur Leistungssteigerung auch unserer Betriebe für die Zukunft. Die nächsten Jahre und Jahrzehnte werden Gelegenheit genug bieten, tüchtige Menschen als Pioniere für die deutsche Versicherungswirtschaft in die Welt zu schicken. Wenn die Völker der Erde sehen, daß der deutsche Versicherer nicht nur Geschäfte machen will, sondern überall in Achtung vor den Belangen der Völker, mit denen ihn ein laufender Geschäftsverkehr verbindet, ein wirklich solides und dauerhaftes Vertragswerk anbietet, wird der deutsche Hansegeist überall wieder Ansehen erlangen. Das wird unserer gesamten Volkswirtschaft zum Segen gereichen.

Zu all diesen Erfolgen der Versicherungswirtschaft kann uns die Versicherungswissenschaft in kameradschaftlicher Zusammenarbeit durch Forschung und Lehre helfen. Das war unser Gedanke bei der

Errichtung dieses Instituts. Auch wir Versicherungswirtschaftler sehnen nichts mehr herbei, als daß Deutschland lebe und gedeihe. Wenn wir alle zusammenstehen, wird das Werk gelingen, das unser Führer begonnen hat und bei dem er auf den Einsatz aller Kräfte des deutschen Volkes rechnen kann.

6. Ansprache des studentischen Fachgruppenleiters der Fachgruppe Wirtschaftswissenschaft Alberty

Magnifizenz, verehrte Gäste, Professoren, Dozenten und Kameraden!

Das neue Institut für Versicherungswissenschaft bedeutet für uns Studenten nicht nur eine Erweiterung der Studienmöglichkeit, sondern auch eine neue Verbindung mit einem wichtigen Zweige der Wirtschaft.

Jeder von uns ist sich bewußt, daß uns hier eine Gelegenheit gegeben ist, in enger Zusammenarbeit mit der Wirtschaft das Gebiet des Versicherungswesens zu erarbeiten und zu erforschen.

Wir begrüßen die hier gebotene Möglichkeit, und wollen allen Förderern dadurch danken, daß wir mit den gebotenen Mitteln Leistungen schaffen.

Der Studentenführer hat mich beauftragt an dieser Stelle Herrn Prof. Dr. Rohrbeck den Dank der Studentenschaft auszusprechen, für seine außerordentlichen Verdienste um das Institut und für sein Verständnis, das er unserer studentischen Arbeit entgegenbringt.

Bietet das Studium an der Universität die Möglichkeit, sich Kenntnisse zu erwerben, und die in der Praxis gewonnenen Erfahrungen zu vertiefen und zu festigen, so gibt ein zusätzliches Studium im Auslande die Gelegenheit, unsere Arbeit von einer anderen Warte aus zu vervollständigen. Doch gerade diese Möglichkeit des Auslandsstudiums ist den meisten von uns aus finanziellen Gründen versperrt. Wir begrüßen daher mit besonderer Freude die Worte des Herrn Generaldirektors Haus, mit denen er uns ein Stipendium für das Auslandsstudium nach dem Kriege ankündigte.

Ich spreche Ihnen, Herr Generaldirektor, hierfür unseren besonderen Dank aus.

Die von Herrn Prof. Dr. Rohrbeck angekündigten 12 Sonder-Vorlesungen für das versicherungswissenschaftliche Studium im kommenden Trimester zeigen uns deutlich die Aufwärtsentwicklung des Instituts. Es liegt jetzt an uns Studenten, dem Ruf der Versicherungswirtschaft zu folgen, sodaß bald Doktoranden und Seminarmitglieder des Kölner Instituts auf den Fachtagungen das Wort ergreifen können, um so unseren Förderern die ersten Früchte unseres Dankes zu zeigen.

7. Geh. Regierungsrat
Dr. iur. Dr. rer. pol. h. c. Karl Samwer, Gotha
Ehrenvorsitzer des Deutschen Vereins für Versicherungswissenschaft.

Magnifizenz!

Hochgeehrte Festversammlung!

Haben Sie innigen Dank für die freundliche Begrüßung und ebenso danke ich Herrn Prof. Dr. ROHRBECK von Herzen für die gütigen Worte, die er mir gewidmet hat! Und nun überbringe ich dem heute feierlich eröffneten Institut für Versicherungswissenschaft die herzlichen Wünsche des Deutschen Vereins für Versicherungswissenschaft für eine glückliche Entwicklung seiner Arbeit. In Köln ist die Versicherungslehre schon früh gepflegt worden: hier hat man sie 1901 alsbald in den Lehrplan der Handelshochschule aufgenommen und dann zum Prüfungsfach bestimmt, hier ist die erste ordentliche Professur für Versicherungswissenschaft errichtet worden und bisher die einzige bei allen deutschen Hochschulen geblieben; Professor MOLDENHAUER hat vor Jahrzehnten sie innegehabt und jetzt nimmt Professor ROHRBECK sie ein, den wir schweren Herzens von Berlin haben scheiden sehen, da er dort die Bestrebungen des Deutschen Vereins jederzeit kräftig gefördert hat. Wohl hoffen wir zuversichtlich, daß er ihn auch weiter unterstützen wird; doch die räumliche Entfernung seines neuen Wohnsitzes von der Reichshauptstadt erschwert das. Das Institut aber beglückwünschen wir dazu, daß es in ihm einen Leiter erhalten hat, von dem es den vollen Einsatz von Wissen, Forschung und Tatkraft erwarten darf.

Daß die Versicherungswissenschaft hier eine so bereite Stätte gefunden hat, erklärt sich ohne weiteres aus der hohen Blüte der Versicherungswirtschaft in Köln und aus der Überzeugung ihrer Führer, daß die Wissenschaft ein wertvoller Bundesgenosse der Wirtschaft ist. Daher hat auch die Kölnische Vereinigung für Versicherungsfachwissen unter der Leitung des Direktors Dr. JOHN eine so ersprießliche Tätigkeit entfalten können.

Da der Vorsitzer des Zentralausschusses für Versicherungswesen in der Akademie für Deutsches Recht, Generaldirektor Dr. ULLRICH, durch die Kriegsverhältnisse gehindert ist unter uns zu weilen, hat er mich beauftragt, dem Institut die besten Glückwünsche und die Hoffnung auszusprechen, daß seine Tätigkeit auch für die Akademie Frucht bringen werde. Ebenso darf ich dem Institut die innigen

Wünsche der Gothaer Lebensversicherungsbank und die der Gothaer Allgemeinen Versicherung, deren Leiter einer der ersten Schüler von Professor MOLDENHAUER gewesen ist, für sein Blühen, Wachsen und Gedeihen übermitteln.

Das Institut beginnt sein Leben in der Kriegszeit, deren Erschwerungen alle Deutschen willig tragen, weil sie wissen, daß ihr genialer Führer das Äußerste getan hat, um einen Frieden mit Ehren zu wahren. Wenn nun früher oder später der Friede kommt, wird das Institut seine Kräfte weiter entfalten können. Aber ob Krieg oder Frieden — es wird deutsch sein, d. h. nach Richard Wagner's Deutung: es wird seine Sache um ihrer selbst willen tun. Heil Hitler!

8. Telegramme zur Eröffnungsfeier.

Aus Tokio:

Zur Einweihung Ihres Instituts beglückwünschen wir Sie herzlich Rektor Lakase im Namen der Handelsuniversität Tokio, Professor Maitani und Obayashi im Namen des Versicherungsseminars der Universität.

Aus Prag:

Möge es dem Institut beschieden werden, ehrenvollen Platz im Dienste des Versicherungswesens einzunehmen. Wissenschaftliche Facharbeit bildet sicherste Grundlage für Rationalisierung unserer Betriebe.

Erste Böhmische Rückversicherungsbank Prag.

Aus Gotha:

Herzliche Glückwünsche zur Eröffnung des Instituts.

Generaldirektor Dr. Ullrich Vorsitzender des Zentralausschusses für Versicherungswesen in der Akademie für Deutsches Recht.

Aus Berlin:

Dem Institut der Versicherungswissenschaft die besten Wünsche für glückliches Gedeihen.

Fachgruppe Versicherungsvertreter und Versicherungsmakler.

Aus Wien:

Dem neugegründeten Schwesterinstitut die herzlichsten Erfolgswünsche für seinen Lebensweg vom

Institut für Verkehrs- und Versicherungswesen an der Hochschule für Welthandel in Wien.

Aus Berlin:

Dem Kölner Schwesterinstitut und seinem Direktor senden wir zur Gründungsfeier wärmste Glückwünsche in der Gewißheit, daß es unter der hervorragenden Leitung von Herrn Prof. Rohrbeck Wertvolles zum Wohle der Allgemeinheit leisten wird. In enger Verbundenheit

Heil Hitler!

Sueß.

Aus Berlin:

Der Deutsche Aktuarverein begrüßt herzlichst die junge Pflanzstätte deutscher Versicherungswissenschaft am Rhein zu ihrer Eröffnung und wünscht ihr eine glückliche Entwicklung.

Aus Leipzig:

Die besten Wünsche zur Eröffnungsfeier.

Institut für Versicherungswissenschaft Leipzig,
Prof. Walter Grosse.

Aus Köln:

Sie haben verstanden das wahre Wesen der Assecuranz als Gemeinschaftsverpflichtung und Gemeinschaftsleistung begeistert zu schildern. Ihnen und dem Ihrer Leitung anvertrauten Institut der Universität Köln wünscht von Herzen schöne Erfolge

Ihr Krayer.

Aus Berlin:

Infolge beruflicher Verhinderung Teilnahme leider unmöglich. Drahtlich meine herzlichsten Wünsche dem neuen Institut.

Dr. Schweer.

9. Verzeichnis der Förderer des Instituts.

A. Mitglieder der Reichsgruppe Versicherungen.

1. Aachener Rückversicherungs-Gesellschaft Aachen, Aureliusstr. 12.
2. Aachener und Münchener Feuer-Versicherungs-Gesellschaft Aachen, Aureliusstr. 14—16.
3. Aachen-Leipziger Versicherungs-Aktien-Gesellschaft in Aachen, Aachen, Hindenburgstr. 9.
4. „Adler“ Feuerversicherung auf Gegenseitigkeit, vorm. Deutsche Beamten-Feuerversicherung auf Gegenseitigkeit, Berlin-Charlottenburg 2, Berlinerstr. 153.
5. Agrippina Allgemeine Versicherungs-Aktiengesellschaft Köln, Riehlerstr. 90.
6. Agrippina See-, Fluß- und Landtransport-Versicherungs-Gesellschaft, Köln, Riehlerstr. 90.

7. „Albingia“ Versicherungs-Aktiengesellschaft Hamburg 1, Alsterdamm 39, Europahaus.
8. Allgemeine Kranken-Versicherungs-Aktiengesellschaft Köln, Mohrenstr. 22-24
9. Allianz Versicherungs-Aktiengesellschaft Zweigniederlassung für Rheinland und Westfalen, Köln, Kaiser-Wilhelm-Ring 31-41.
10. Alte Leipziger Lebensversicherungsgesellschaft auf Gegenseitigkeit, Leipzig C 1, Dittrichring 22-24.
11. Bayerische Rückversicherung Aktiengesellschaft München 23, Leopoldstr. 4.
12. Central-Krankenversicherung Aktiengesellschaft, Köln, Hansaring 42.
13. Colonia Kölnische Versicherungs-Aktiengesellschaft, Köln, Elsa-Brändströmstr. 11.
14. Concordia Lebens-Versicherungs-Aktiengesellschaft, Köln, Maria-Ablaß-Platz 15.
15. Deutsche Allgemeine Versicherungs-Aktiengesellschaft, Berlin W 8 Taubenstr. 4-6.
16. Deutsche Beamten-Krankenversicherung V. a. G., Koblenz, Kaiser-Friedrichstr. 15-19.
17. Deutsche Mittelstandskrankenkasse Volkswohl Versicherungsverein auf Gegenseitigkeit, Sitz Dortmund, Dortmund, Theodor-Sanders-Str. 12.
18. Deutscher Herold Volks- und Lebensversicherungs-AG., Berlin SW 48, Friedrichstr. 219-220.
19. Eisen und Stahl Rückversicherungs-Aktiengesellschaft, Düsseldorf, Kreuzstr. 45.
20. Eos und Excelsior DeutscheVolks- u. Lebensversicherungs-Aktiengesellschaft Düsseldorf, Grafenberger Allee 32-34.
21. Feuerschadenverband rheinisch-westfälischer Zechen V. a. G., Bochum, Albertstr. 24.
22. Feuerversicherungs-Gesellschaft Rheinland A.G., Neuß, Marienkirchplatz 4.
23. Frankona Rück- und Mitversicherungs-Aktiengesellschaft, Berlin-Charlottenburg, Bismarckstr. 113.
24. Gerling-Konzern Allgemeine Versicherungs-Aktiengesellschaft, Köln, Von Werthstr. 14.
25. Gerling-Konzern Lebensversicherungs-Aktiengesellschaft, Köln, Unter Sachsenhausen 6-12.
26. Gerling-Konzern Rheinische Versicherungs-Gruppe Aktiengesellschaft, Köln, Von Werthstr. 14.
27. Gerling-Konzern Rückversicherungs-Aktiengesellschaft, Köln, Von Werthstr. 14.
28. Gilde Deutsche Versicherungs-A.G., Düsseldorf, Graf Reckestr. 82.
29. Gladbacher Feuer-Versicherungs-A.G., München-Gladbach, Hohenzollernstr. 155.
30. Gladbacher Lebensversicherungs-Aktiengesellschaft, München-Gladbach, Wallstr. 30-32.
31. Gladbacher Rückversicherungs-A.G., München-Gladbach, Hohenzollernstr. 155.
32. Gothaer Allgemeine Versicherung A.G., Gotha, Hindenburgstr. 5a.
33. Gothaer Feuer-Versicherungsbank auf Gegenseitigkeit, Gotha, Hindenburgstr. 12.
34. Gothaer Lebensversicherungsbank a. G., Gotha, Hindenburgstr. 3a.
35. Gothaer Transport- und Rückversicherung A.G., Köln, Kaiser-Wilhelm-Ring 23.
36. Großdeutsche Feuerbestattung V. V. a. G. zu Berlin, Berlin W 8, Kronenstr. 50-52.

37. „Handwerk, Handel und Gewerbe" Krankenversicherungsanstalt auf Gegenseitigkeit, Dortmund, Märkische Straße 9a.
38. Karlsruher Lebensversicherung A.G., Karlsruhe, Kaiserallee 4.
39. Kirchlicher Versicherungs-Verein gegen Haftpflicht a. G., Köln, Marzellenstr. 32.
40. Kölner Lloyd Allgemeine Versicherungs-Aktien-Gesellschaft, Köln, Riehlerstr. 90.
41. Kölnische Glas-Versicherungs-Aktiengesellschaft, Köln, Hohenzollernring 53.
42. Kölnische Hagel-Versicherungs-Gesellschaft, Köln, Elsa-Brändströmstr. 11.
43. Kölnische Lebensversicherung a. G., Köln, Cleverstr. 36.
44. Kölnische Rückversicherungs-Gesellschaft, Köln, Breitestr. 161.
45. Kranken- und Sterbekasse für selbständige Handwerker, Gewerbetreibende und Landwirte, A.G., Bonn, Bonner Talweg 177.
46. Leipziger Verein-Barmenia Krankenversicherung für Beamte, freie Berufe und Mittelstand a. G., Leipzig N 22, Springerstr. 24.
47. Leipziger Verein — Barmenia Lebensversicherung a. G., Leipzig N 22, Springerstr. 24.
48. Magdeburger Feuerversicherungs-Gesellschaft, Magdeburg, Breiterweg 7 u. 8.
49. Mitteleuropäische Versicherungs-Aktien-Gesellschaft, Köln, Riehlerstr. 90.
50. Mittelstandshilfe Krankenversicherungs-Anstalt a. G., Dortmund, Märkische Str. 26.
51. Münchener Rückversicherungsgesellschaft, München 23, Königinstr. 107.
52. „National" Allgemeine Versicherungs-Aktien-Gesellschaft, Stettin, Roßmarkt 2.
53. Nordstern Allgemeine Versicherungs-Aktiengesellschaft, Berlin-Schöneberg, Nordsternplatz.
54. „Patria" Versicherungs-Aktiengesellschaft, Köln, Riehlerstr. 90.
55. Preußischer Versicherungsverband für Gemeinden und Gemeindeverbände V. V. a. G., Köln-Riehl, Florastr. 211.
56. Provinzial-Feuerversicherungsanstalt der Rheinprovinz, Düsseldorf, Friedrichstr. 70-74.
57. Provinzial Lebensversicherungsanstalt der Rheinprovinz, Düsseldorf, Elisabethstr. 11.
58. Provinzial-Lebensversicherungsanstalt von Westfalen, Münster i. W., Warendorferstr. 26-28.
59. Rheinischer Merkur Versicherungs-Aktiengesellschaft, Köln, Herwarthstr. 4.
60. Rheinisch-Westfälische Lebensversicherung a. G., Wuppertal-Barmen, Carnaperstr. 73-75.
61. Rothenburger Lebensversicherungs-Aktiengesellschaft in Görlitz, Görlitz, Furtstr. 1.
62. Rückversicherungs-Aktiengesellschaft Colonia, Köln, Elsa-Brändström-Str. 11
63. Schlesische Feuerversicherungsgesellschaft Breslau 1, Nikolaistadtgraben 12.
64. „Signal" Unfall-Versicherungsverein a. G., Dortmund, Märkische Str. 11.
65. „Terra" Spar- und Lebensversicherung Aktien-Gesellschaft Berlin, Berlin-Schöneberg, Hauptstr. 135.
66. Union und Rhein Versicherungs-Aktien-Gesellschaft, Berlin SW 11, Saarlandstr. 48-52.
67. Versicherungskasse der selbständigen Handwerker und Gewerbetreibenden Köln, Bismarckstr. 14.
68. Victoria am Rhein Allgemeine Versicherungs-Actien-Gesellschaft, Düsseldorf, Schadowstr. 54.
69. Victoria am Rhein Feuer- und Transport-Versicherungs-Actien-Gesellschaft, Düsseldorf, Schadowstr. 54.

70. Volkswohl-Bund Allgemeiner Bestattungs- und Versicherungsverein a. G., Berlin C 2, Kurstr. 18-19.
71. Westfälische Provinzial-Feuersozietät, Münster/Westfl., Zumsandestr. 2.

B. Generalagenten und Makler.

72. Assekuranz-Vermittlungs-Aktiengesellschaft, Hamburg, Zweigniederlassung Berlin B, Berlin W 9, Potsdamerstr. 12.
73. Fachgruppe Versicherungs-Generalagenten, Ortsfachgruppe Köln, Köln, Bismarckstr. 25.
74. Jauch u. Hübener, Zweigniederlassung Düsseldorf, Düsseldorf, Inselstr. 18.

C. Sozialversicherungsträger.

75. Landesversicherungsanstalt Rheinprovinz, Düsseldorf, Aderstr. 1.
76. Landesversicherungsanstalt Westfalen, Münster i. W., Bispinghof 2-3.

Außerdem förderten folgende Unternehmungen das Institut durch einmalige Geldspenden:
Deutscher Bauerndienst, Allgemeine Versicherungsgesellschaft Berlin. Deutsche Röhrenwerke A.G., Werk Thyssen Mühlheim-Ruhr. Frankfurter Allgemeine Versicherungs-A.G. Frankfurt-Main. Gothaer Allgemeine Versicherungs A.G. Gotha. Gothaer Lebensversicherungsbank a.G. Gotha. IG Farben Aktiengesellschaft Frankfurt-Main. IP Bemberg A.G. Wuppertal-Oberbarmen. Victoria am Rhein, Versicherungsaktiengesellschaften, Düsseldorf.

Bis zur Drucklegung des Heftes sind dem Verein der Förderer neu beigetreten:

A. Mitglieder der Reichsgruppe Versicherungen.

Berlinische Feuer-Versicherungs-Anstalt, Berlin O 2, Brüderstr. 11/12.
Haftpflichtversicherungsverein für Bauern und Landwirte der Provinz Westfalen, Münster, Albert-Leo-Schlageterstr. 19.
Hermer Kreditversicherung-Aktiengesellschaft, Berlin W 8, Jägerstr. 27.
Vieh-Versicherungsverein für Bauern und Landwirte der Provinz Westfalen auf Gegenseitigkeit, Münster, Albert-Leo-Schlageterstr. 19.

D. Verbände.

Deutscher Versicherungsschutzverband e.V. Berlin-Wilmersdorf 1, Pragerplatz 4
Internationaler Valoren-Versicherungs-Verband, Berlin SW 68, Kochstr. 59.
Landesverband Rheinland-Westfalen des Reichsverbandes der gewerblichen Berufsgenossenschaften e.V. Köln-Ehrenfeld, Barthelstr. 85.
Reichsverband der Betriebskrankenkassen, Körperschaft des öffentlichen Rechts, Landesgeschäftsstelle Rhein, Saar und Westfalen, Essen, Ottilienstr. 5.

Spenden gingen noch ein von:

Handwerk – Handel und Gewerbe, Dortmund,
Jauch u. Hübener, Düsseldorf.

10. Stiftungs-Urkunde.

Auf Anregung und zu Ehren des um die Erkenntnis und das Schrifttum des Versicherungswesens hochverdienten Herrn

Professor Dr. jur. Dr. phil. Walter Rohrbeck

stifte ich hiermit die gesamte, von mir seit Jahren zusammengetragene und noch weiter in meinen Besitz gelangende

Sammlung von Material alter und neuerer Sterbekassen dem Versicherungsinstitut der Universität in der Hansestadt Köln am Rhein.

Sie soll mit dazu beitragen, die Sterbekassen als die Vorläufer der heutigen Lebensversicherungen in ihrem gesetzmäßigen und organisatorischen Aufbau, sowie in ihrer Wirksamkeit innerhalb des Volksganzen richtig zu werten und der Versicherungslehre zu erschließen.

Die Sammlung wird an einem noch zu bestimmenden späteren Zeitpunkt dem Leiter des Versicherungsinstituts der Kölner Universität, Herrn Professor Dr. Dr. Rohrbeck, überreicht, nachdem ich, seiner Anregung folgend, das gesamte Material in Buchform bearbeitet u. druckreif gestaltet habe. Ich persönlich behalte mir das Recht vor, während meiner Lebenszeit ohne Beachtung großer Formvorschriften in die Stiftung jederzeit Einsicht zu nehmen.

Wuppertal-Barmen, am 1. November 1940.

Ernst Vesper

Vorsitzender des Vorstandes der
Rheinisch-Westfälischen Lebensversicherung a. G.
zu Wuppertal-Barmen.

B. Abhandlungen.

Versicherungswissenschaft u. Versicherungswirtschaft.

Von Dr. jur., Dr. phil. W. Rohrbeck,
ord. Professor der Versicherungswissenschaft an der Universität Köln.

Die Eröffnung des Instituts für Versicherungswissenschaft der Universität Köln, das aus Mitteln der an der Versicherungsforschung und Versicherungslehre in Rheinland und Westfalen interessierten deutschen Versicherungswirtschaft geschaffen wurde, gebietet die eingehende Behandlung der Grundfrage: was verstehen wir in Deutschland unter Versicherungswissenschaft, welche Aufgabe hat sie zu erfüllen und was hat die deutsche Versicherungswirtschaft von ihr zu erwarten?

I. Versicherungswissenschaft als Wissenschaft.

Der Begriff der Versicherungswissenschaft ist völlig ungeklärt. Ich selbst habe vor dreißig Jahren sogar Zweifel ausgesprochen, ob es überhaupt eine Versicherungswissenschaft geben könne[1] und ob es nicht richtiger wäre, das, was von der Versicherungswissenschaft erwartet würde, der Versicherungstechnik zuzumessen. Dabei ging ich von der Überzeugung aus, daß es zu einer Zersplitterung der wissenschaftlichen Forschung führen müsse, wenn sich für die verschiedensten Wirtschaftsgebiete, wie es dem damaligen Zuge der Zeit entsprach, Sonderwissenschaften entwickelten, die nur zu schnell ihre Abhängigkeit und ihren Zusammenhang mit den allgemeinen Geisteswissenschaften verlieren und alsdann, ohne selbständige Begriffsunterlagen zu besitzen, im leeren Raum arbeiten würden. Meine Zweifel gründeten sich darauf, daß 1902 auf der Mitgliederversammlung des Deutschen Vereins für Versicherungswissenschaft, der den Mittelpunkt der wissenschaftlichen Forschung des Versicherungswesens bildete, die seltsamsten Forderungen an die Versicherungswissenschaft gestellt wurden. Einmal sollte sie die systematische planmäßige Pflege aller Versicherungsdisziplinen betreiben und

[1] Versicherungswesen und Soziologie. Ehrenzweigsches Assecuranz-Jahrbuch Bd. 31. SA. S. 15. Ferner „Versicherungs-Technik oder Versicherungs-Wissenschaft? Wirtschaft und Recht der Versicherung Jahrg. 1912 Nr. 3 S. 218 ff.

gleichzeitig eine Theorie entwickeln, welche der Praxis dienen sollte[1]. Sie müsse u. a. dafür sorgen, daß eine Aufsichtsbehörde nicht Auffassungen hege und betätige, die den berechtigten Interessen des Versicherungswesens zuwiderliefen[2]. Andere erwarteten von der Versicherungswissenschaft aus Einzeluntersuchungen nach der Art der Thünen-Ehrenberg'schen Forschungsmethode abstrakte Deduktionen als wissenschaftliche Richtlinien[3]. Später wurde die Versicherungswissenschaft als Zweig der Sozial- oder Kulturwissenschaft bezeichnet, die neue Werturteile zu prägen habe, um zu gesünderen sozialen Verhältnissen zu gelangen[4]. Diese Hinweise mögen genügen, um die Unklarheit zu zeigen, die über dem Begriff der Versicherungswissenschaft bestand. Die Aufgaben, die ihr zugewiesen wurden, erstreckten sich also von einem Rezeptbuch bis zu einer Universalwissenschaft. Aber es blieb bei diesen Forderungen. Die Ergebnisse der wissenschaftlichen Forschung zeitigten weder Geschäftsanweisungen für Versicherungsunternehmer noch soziale Versicherungsphantasien. Sie beschränkten sich auf volkswirtschaftliche, statistische, rechtswissenschaftliche, mathematische und medizinische Einzeluntersuchungen. Vereinzelte soziologische Betrachtungen, die ja eigentlich den erstrebten kulturwissenschaftlichen Zielen am nächsten gekommen wären, wurden kaum beachtet.

In der Tat ist die Abgrenzung der Versicherungswissenschaft nicht einfach. Handelt es sich um eine selbständige Wissenschaft oder um eine reine Sammlung von Forschungen aus den verschiedensten Gebieten, die sich mit der Versicherung befassen?

Zweifelsfrei ist, daß das Arbeitsgebiet der Versicherungswissenschaft die Versicherung ist. Unter Versicherung verstehen wir in Deutschland diejenige wirtschaftliche Einrichtung, die durch eine, im Interesse der Volksgemeinschaft gelegene, gegenseitige, nach technischen Grundlagen durchführbare Deckung einen zufälligen, in Geldwert auszudrückenden Bedarf zahlreicher gleichartig bedrohter, aber nicht gleichzeitig betroffener Wirtschaften befriedigt. Wesentlich zum Begriff der Versicherung für diese Betrachtung ist also, daß die Versicherung eine wirtschaftliche Einrichtung ist und daß sie als solche technischer Grundlagen bedarf. Durch ihren technischen Unterbau unterscheidet sie sich vom Unterstützungswesen, der Armen- und Wohlfahrtspflege.

Diese technischen Grundlagen sind nicht nur kaufmännische Erfahrungsregeln, also nicht rein wirtschaftlicher Art. Die Versicherungstechnik verwendet vielmehr wissenschaftliche Erkenntnisse aus den

[1] Veröffentlichungen d.Dt.Vereins f.Vers.Wissenschaft H. 1 S. 14.
[2] Veröffentlichungen d.Dt.Vereins f.Vers.Wissenschaft H. 3 S. 33.
[3] Kleeberg, Vers.-Archive, Zeitschr. f. d. ges. Vers.Wissenschaft Bd. 10 S. 639.
[4] Bischoff, Veröffentlichungen d.Dt.Vereins f.Vers.Wissenschaft H. 12 S. 121 ff.

verschiedensten Wissensgebieten. Der erste Versicherungszweig, der so verfuhr und sich dabei der mathematischen Forschungsergebnisse bediente, war die Lebensversicherung. Über ein Jahrhundert wurde von Versicherungswissenschaft nur in Verbindung mit der Lebensversicherung gesprochen. England entwickelte dafür eine eigene Aktuarwissenschaft und die erst vor einigen Jahren erfolgte Gründung eines Deutschen Aktuarvereins zeigt, daß auf diesem Gebiete auch heute noch eine selbständige Forschungstätigkeit erstrebt wird. Erst Anfang des 19. Jahrhunderts mit der systematischen Entwicklung weiterer Versicherungszweige und der Ausweitung des Versicherungsgedankens auf alle Berufs- und Bevölkerungskreise bilden sich auch für diese neuen Versicherungszweige technische Grundlagen, die schließlich mit dem Einsetzen einer seit Mitte des vorigen Jahrhunderts ins Kraut schießenden Versicherungsindustrie sich sehr mannigfach gestalten. Nicht nur die Mathematik, auch die Medizin, sowohl soweit sie den Menschen als auch soweit sie die Haus- und Nutztiere behandelt, die Ingenieur- und Bauwissenschaften, die Geographie, die Meteorologie u. a. gehören zu diesen Wissensgebieten, deren Erkenntnisse die Versicherungstechnik verwertete. Die Ausgiebigkeit, mit der dies geschah, zeitigte die Auffassung[1], daß die privaten und öffentlich-rechtlichen Versicherungen stärker als andere Unternehmungen und Verwaltungen angewandte Wissenschaft wären.

Jedes Wirtschaftsgebiet weist eine solche Technik auf. Ihrem Beruf nach ist die Technik gleichsam „die Lehrmeisterin des praktischen Handelns. Ihrem Inhalt nach ist sie die Summe des praktischen, das heißt in Tat umsetzbaren Wissens vom Erzwingbarmachen gewollter Erfolge, also von den richtigen Verfahren, Methoden beim Handeln und vor allem, was dazu an Voraussetzungen und Hilfsmitteln nötig erscheint[2]". Technik ist Zweckgestaltung, „die Kunst des rechten Weges zum Zweck[3]". Wird sie aus geistes- oder naturwissenschaftlichen Forschungen entwickelt, so sind für die Fortbildung dieser Forschungen die Wissenschaften maßgeblich, der sie angehören. Dem unklaren Begriff der Versicherungswissenschaft stand also der klare Begriff der Versicherungstechnik gegenüber.

[1] Reichswirtschaftsminister HAMM, Veröffentlichungen d. Dt. Vereins f. Vers.-Wissenschaft Heft 34 S. 12.

[2] GOTTL-OTTLILIENFELD, Wesen und Grundbegriffe der Wirtschaft, 2. Aufl. S. 9.

[3] GOTTL-OTTLILIENFELD, S. 14.

Sehr richtig HESSE, Grundriß der polit. Ökonomie Bd. I S. 120: „Die Technik dient dem Volke, wenn der Techniker ihm dient." KOSIOL, sagt in seinem Festvortrag an der Hindenburghochschule (Festschrift) über Betriebswirtschaftslehre und Wirtschaftspraxis: „Technik will den Erfolg des Handelns verbürgen, indem sie die richtigen Verfahren und Hilfsmittel entwickelt. Jede Technik unterliegt den Grundsätzen der ratio als oberster Richtschnur allen Handelns." (S. 57.)

Es bedeutete nun von vornherein einen Verzicht auf ein Eigenleben der Versicherungswissenschaft, wenn die erste Satzung des Deutschen Vereins unter Versicherungswissenschaft die rechts- und wirtschaftswissenschaftlichen und die mathematischen und naturwissenschaftlichen Wissenszweige verstand, deren Bestand und Fortbildung dem Versicherungswesen dienlich sind. Versicherungswissenschaft war danach also bestenfalls eine Zusammenfassung der angeführten Wissenszweige im Hinblick auf das Versicherungswesen[1].

Wie sollten aber aus einer solchen Zusammenfassung „neue Werturteile", wie sie verlangt wurden, ja überhaupt Urteile gefunden werden. Da die Versicherungswissenschaft nach der angeführten Satzungsbestimmung des Deutschen Vereins für Versicherungswissenschaft alle Wissenszweige gleichmäßig pflegen sollte, wer hätte da für die Ziele der Forschung die Richtung geben, die Richtigkeit und Billigkeit ihrer Folgerungen bewerten sollen? Die Bezeichnung Versicherungswissenschaft wäre für ein solches „Sammelsurium[2]" unangebracht, sie konnte nur eine Pseudowissenschaft sein und äußerstens als wissenschaftliche Sammlung technischer Fragen gelten. In der Tat zeigen die Veröffentlichungen des Deutschen Vereins für Versicherungswissenschaft und die Aufsätze in seiner Zeitschrift denn auch kaum ein einheitliches Bild von der Versicherung, sondern ein starkes Auseinanderstreben der einzelnen Wissensgebiete in ihren Erkenntnissen. Nur selten wird überhaupt der Versuch gemacht, von der Versicherungsidee und ihren tragenden Gedanken ausgehend Wirtschaft, Recht und Rechnung des Versicherungswesens größeren Gesichtspunkten unterzuordnen. Die von allen höheren Zusammenhängen losgelöste Sonderuntersuchung überwiegt. Nach der Lebensversicherungswissenschaft bildete sich eine Feuerversicherungswissenschaft. Es setzte damit eine Verflachung des Begriffes Wissenschaft ein, die die Gefahr heraufbeschwor, daß jeder, der aus gewissen Feststellungen tatsächlicher Art Schlüsse zog, objektive und reine Wissenschaft zu bieten glaubte. Ein Spezialistentum größten Ausmaßes kam auf und eine reine Tatsachenforschung entfernte die Erkenntnis des Versicherungswesens immer stärker von den letzten und tiefsten Zusammenhängen des Versicherungsgedankens.

Begünstigt wurde diese Entwicklung durch die praktische Ausgestaltung des Versicherungswesens. Als 1902 das einheitliche Versicherungsaufsichtsrecht im Reich eingeführt wird, gibt es zwar ein-

[1] Zweifelhaft war bereits DORN, Vers.Lexikon 3. Aufl. Sp. 1852 über den Begriff „Versicherungswissenschaft". WAGENFÜHR, Wirtsch.Kunde d. Versicherungswesens S. 8 erklärt sogar: „Eine Gesamtwissenschaft" Versicherung gibt es nicht und kann es nicht geben. Es gibt nur Teildisziplinen. Aber auch eine Teildisziplin setzt doch ein Ganzes voraus.

[2] WAGENFÜHR S. 9.

zelne Fachverbände, aber noch keine Spitzenorganisation des privaten Versicherungswesens, auch die Beratungen der für alle Versicherungszweige gleichwichtigen Entwürfe im ersten Reichsversicherungsvertragsrecht können lediglich im Schoße des um die Jahrhundertwende gegründeten Deutschen Vereins für Versicherungswissenschaft geführt werden. Eine große Vereinigung der Gesamtbelange des gesamten privaten Versicherungswesens entsteht erst 1911; aber auch diese ist zunächst nichts weiter als eine förmliche Zusammenfassung der großen Versicherungsverbände für gewisse allgemeine Fragen. Erst die aus der Novemberrevolution von 1918 geborene Not schweißt das gesamte Versicherungswesen zu einem einheitlichen Berufs- und Wirtschaftsstand zusammen. Eigentlich erst seit dieser Zeit ist sich die Versicherungspraxis der verschiedensten Versicherungszweige und Versicherungsarten der Gemeinsamkeit ihres Ausgangspunktes[1] bewußt geworden. Der politische Umbruch durch den Nationalsozialismus und die Errichtung der Organisation der gewerblichen Wirtschaft mit einer Reichsgruppe Versicherungen fügte zu dieser Erkenntnis des einheitlichen Wesens das Wissen von den gemeinsamen Aufgaben und Zielen hinzu, die die Versicherungseinrichtungen zum Nutzen des deutschen Volkes zu erfüllen haben.

So entstand in Verbindung mit der gesetzlich geregelten Sozialversicherung eine Versicherungswirtschaft als die systematische und planvolle Bewirtschaftung der Versicherungsidee innerhalb und zu Gunsten der Wirtschaft des Volkes, als ein Hilfsmittel der Politik des Reiches, um die notwendigen Sicherungen für die Volksgemeinschaft und den Aufbau des nationalen Lebens zu schaffen.

Mit dieser Besinnung der Versicherungswirtschaft auf ihre volksmäßige Bestimmung erwächst auch für die wissenschaftliche Erforschung des Versicherungswesens ein ganz neues Leben. Denn damit gewinnt die Versicherungswissenschaft einen Ausgangspunkt und eine richtige und wichtige Aufgabe. „Jedes Zeitalter hat die Wissenschaft, die ihm entspricht, ja die es verdient[2]". Vorahnungen des Zukünftigen waren dieser Wandlung vorausgegangen. Schon 1932 forderte der Geschäftsführer des Deutschen Vereins für Versicherungswissenschaft die Einheit aller

---

[1] Lediglich auf den Ausgangspunkt kommt es aber an. Das muß gegenüber Hotopp (die volkswirtschaftliche Bedeutung der Entwicklung der Schäden und Verwaltungskosten in der Schadenversicherung, Göttinger Diss. 1939) S. 10 und 21 betont werden. Die „Behaftung mit Risiken" braucht noch nicht zu besonderen Wirtschaftseinrichtungen zu führen. Erst daß diese Behaftung als eine gemeinsame Gefahr, nicht nur für die eigene Wirtschaft, sondern für die Gesamtwirtschaft angesehen wird, daraus entsteht die Selbsthilfe. Die Betriebsform ist nicht entscheidend, aber die innere Gesinnung zur Abwehr.

[2] Steinacker, Weg und Ziel der deutschen Geschichtswissenschaft in „Deutschlands Erneuerung" 24. Jahrg. H. 2 S. 57.

Versicherungen[1]. Auch die Satzung dieses Vereins hat dem Rechnung getragen, indem sie als seinen Zweck nunmehr bezeichnet: die Versicherungswissenschaft zu fördern und dabei die übrigen Wissenszweige zu pflegen, die der Versicherung dienen. Der Versicherungswissenschaft wird also auch hier eine über diese Pflege der übrigen Wissenszweige hinausgehende selbständige Aufgabe zuerkannt.

Diesen Gedankengängen kann gefolgt werden und ich kann den Widerstand aufgeben, den ich vor 30 Jahren der Begründung einer Versicherungswissenschaft entgegensetzte. Allerdings muß an einer sorgfältigen Trennung von Versicherungstechnik und Versicherungswissenschaft festgehalten werden. Die Versicherungstechnik ist zwar vielgestaltig und selbst auf Grund wissenschaftlicher Ergebnisse gebildet, aber sie wäre garnicht denkbar, wenn nicht die Wirtschaft sie gebrauchte[2]. Förderung der Wirtschaft ist also der Grund für die Pflege der Gebiete, die technisch der Versicherung dienen, Förderung der Wirtschaft ist das Ziel, dem versicherungstechnische Behandlung einzelwissenschaftlicher Untersuchungen nutzbar wird. Die Erforschung der Wirtschaft ist aber Gegenstand der Wirtschaftswissenschaft, also auch die Erforschung der Versicherungswirtschaft.

Die Wirtschaftswissenschaft ist eine Erfahrungswissenschaft, die einen einheitlichen Charakter trägt, obwohl sie jedes Problem von ganz verschiedenen Seiten aus betrachten kann, also volkswirtschaftlich oder betriebswirtschaftlich oder finanzwirtschaftlich oder statistisch oder soziologisch. Auch das Versicherungswesen zieht die Wirtschaftswissenschaft so in den Kreis ihrer Untersuchungen. Wegen der technischen Grundlagen ist aber der Wirtschaftswissenschaft die Einsicht in die Gestaltung, die Abhängigkeit und die Zusammenhänge des Versicherungswesens erschwert, vor allem braucht sie eine Hilfswissenschaft, die verantwortliche Urteile über die Versicherungseinrichtung als Gemeinschaftswerk und Gemeinschaftsaufgabe des deutschen Volkes ab-

[1] Zeitschrift f. d. ges. Versicherungswissenschaft Bd. 32 S. 93 ff. Dazu meine Ausführungen in der Zeitschrift f. Versicherungswesen Nr. 16 von 1932. Neuerdings wird diese Forderung von Prölss wiederholt in seiner Abhandlung: Betriebstechnik und Recht in der Versicherung, Zeitschr. f. d. ges. Vers-Wissenschaft, Bd. 39 S. 85.

[2] Kosiol unterscheidet a. a. O. S. 58 zwischen der Sach- oder Realtechnik (naturwissenschaftliche Ingenieurtechnik) und der Verfahrenstechnik. „Sicherlich ist Technik auch ohne Wirtschaft möglich, vermutlich ist technisches Streben sogar älter als bewußtes Wirtschaften. Ohne Zweifel können technische Leistungen ihren eigenen, inneren Wert besitzen. Niemand wird auch der technischen Wissenschaft den Charakter einer selbständigen Disziplin bestreiten wollen. Aber ihre letzte Sinndeutung und Verwirklichung erfährt die Technik erst in der Betriebswirtschaft. Sie dient dem obersten Ziel allen Wirtschaftens, Überwindung der Lebensenge des Menschen.“

geben und die Einreihung der Versicherungswirtschaft in den Rahmen der gesamten Volkswirtschaft zu übersehen vermag. Diese Hilfswissenschaft ist die Versicherungswissenschaft. Die Versicherungswissenschaft hat darüber zu wachen, ob auf dem Abschnitt der Versicherung der dauernde Einklang von Bedarf und Deckung erreicht ist und gegebenenfalls darüber auszusagen, wie er zu erreichen wäre. Wenn neuerdings behauptet worden ist, die Versicherungswissenschaft hätte mit der Gefahr im Leben zu tun[1], so kann das in dieser Allgemeinheit nicht gutgeheißen werden. Der Gefahr im Leben suchen nicht nur die Versicherung, sondern auch die Rechtslehre, die öffentliche Verwaltung, die Hygiene, die gesamte geistige und körperliche Erziehung des Menschen u. a. zu steuern. Jeder Gefahr vorzubeugen ist volkswirtschaftlich wertvoller als ihren Schaden hinterher auszugleichen. Schadenverhütung ist wichtiger als Schadenvergütung. Die Versicherungswirtschaft hat es unmittelbar aber nur mit der Schadenvergütung zu tun, und mit derjenigen Gefahr im Leben, deren wirtschaftliche Folgen durch Schadenvergütung gemindert oder ausgeglichen werden können. Also hat auch die Versicherungswissenschaft nicht irgend eine allgemeine, sondern eine sich aus der Natur der Versicherung ergebende beschränkte Aufgabe.

Für das Wesen der Versicherungswissenschaft lassen sich daher folgende Leitsätze aufstellen.:

1. Die Versicherungswissenschaft ist eine Hilfswissenschaft der Wirtschaftswissenschaft.

2. Das Forschungsgebiet der Versicherungswissenschaft ist die Versicherung als Gemeinschaftswerk und Gemeinschaftsaufgabe des deutschen Volkes.

3. Die Versicherungswissenschaft untersucht die Lebenskraft und Lebensgestaltung der Versicherungswirtschaft und der sozialen Gebilde der Gefahrengemeinschaften.

Diese Leitsätze möchte ich im einzelnen begründen.

[1] Mahr, Die Gefahr im Leben, Jahrbücher für Nationalökonomie und Statistik Bd. 151, H. 4 S. 442. Gefahr ist nach Mahr die Bedrohung der Ausführbarkeit eines Wirtschaftsplanes, die Möglichkeit der Störung der Wirtschaftsführung durch unvorhergesehene und unvorhersehbare Ereignisse. Zeitschrift f. d. ges. Versicherungswissenschaft, 36. Bd. 1936 S. 23. Gegen Mahr spricht, was Löffelholz, Geschichte der Betriebswirtschaft und der Betriebswirtschaftslehre S. 5 zur Bestimmung des Wesens der Betriebswirtschaftslehre sagt, daß der Betriebsbegriff sich erst aus dem Objekt der Wissenschaft ergibt, daß er also unmöglich als Ausgangspunkt zur Objektbestimmung der Betriebswirtschaftslehre benutzt werden kann. Die Versicherung als solche ist nicht Objekt der Versicherungswissenschaft, das wäre ein rein technisches Problem, sondern die Versicherung als Gemeinschaftswerk des deutschen Volkes. Das ist ein wirtschaftliches Problem und Versicherung als Gegenstand einer besonderen Wissenschaft nur möglich, soweit sie der Volksgemeinschaft zugutekommt.

1. Die Versicherungswissenschaft ist eine Hilfswissenschaft der Wirtschaftswissenschaft.

Wenn Wirtschaft mit Gottl-Ottlilienfeld[1] „Gestaltung menschlichen Zusammenlebens im Geiste dauernden Einklanges von Bedarf und Deckung“ ist, so ist Wirtschaftswissenschaft eine Erfahrungswissenschaft vom menschlichen Zusammenleben[2]. Dieses Zusammenleben erfolgt in sozialen Gebilden, die in einer Wirtschaftsordnung die Spannung zwischen Bedarf und Deckung zu lösen suchen. Es wird dabei geleitet von einem geistigen Bande, das die Voraussetzung für einen Zusammenklang im völkischen Dasein bildet, der Weltanschauung. Diese Weltanschauung hat nichts mit den Idealen persönlicher Lebensführung zu tun, sie begründet vielmehr die politische Einstellung jedes sozialen Gebildes und jedes Gliedes dieser Gebilde zu einander und miteinander. Sie macht alle wirtschaftlichen Fragen zu reinen Zweckmäßigkeitsfragen, wenn sie ein Bekenntnis zu den Sittengesetzen des eigenen Blutes und des völkischen Bewußtseins ist. Sie ist aber niemals ein Kriterium für einzelwirtschaftliche Formen oder Methoden[3].

„Die Dauer des menschlichen Daseins, um die es geht, ist nur zu verbürgen auf der Grundlage eines unverbrüchlichen Füreinanders im Denken, Fühlen und Wollen (Gemeinschaft), eines Füreinanders, das wiederum zutiefst und in unersetzlicher Weise in der naturgebundenen Gemeinschaft des Blutes begründet ist[4]“. Theorie und Einzelforschung haben in dieser Wirtschaftswissenschaft gleichberechtigte Bedeutung. Die Einzelforschung, indem sie das Stoffliche sammelt, ordnet und in geistigen Zusammenhängen darstellt, die Theorie, indem sie „über das Erfaßbare wahrhaft und in Einheit zu Ende nachdenkt[5]“.

So weist die heutige Wissenschaft wieder auf die alte griechische Auffassung hin, wonach es nicht der Sinn der Wissenschaft sein kann, die Praxis der Theorie anzugleichen, sondern umgekehrt die Theorie als die höchste Verwirklichung der Praxis zu verstehen[6]. „Wahrheitssuche im Dienste des Lebens eines Volkes“ ist die Wissenschaft[7]. Aber ein solches Suchen nach der Wahrheit bedarf der Urteilsbildung und auch

---

[1] Wesen und Grundbegriffe der Wirtschaft, 2. Aufl. S. 3.

[2] Lütke in Gegenwartsfragen der Wirtschaftswissenschaft S. 16.

[3] Bernhard Köhler in „Europäisches Wirtschaftszentrum“ 1939 S. 18.

[4] Lütke S. 27.

[5] Gottl-Ottlilienfeld, Wirtschaftspolitik und Theorie S. 8.

[6] Heidegger, Die Selbstbehauptung d. dt. Universität S. 10. Kosiol sagt auf S. 55: „Die Betriebswirtschaftslehre ist nichts anderes als konzentrierte, systematisch entwickelte und wissenschaftlich begründete Erfahrung der Wirtschaftspraxis.“

[7] Gottl-Ottlilienfeld, Wirtschaftspolitik und Theorie S. 96.

die Wirtschaftswissenschaft muß Urteile abgeben[1]. Diese Urteile dürfen allerdings nicht subjektive Urteile des Forschers, sondern müssen Ausflüsse des inneren Erlebens der Wirtschaft sein. Dabei kann es sehr wohl sich ergeben, daß vom Standpunkt des Volkes und der Sicherstellung der dauernden Erfüllung seines wirtschaftlichen Zusammenwirkens auch Werturteile gefällt werden müssen. Gerade hierin erweist sich die Versicherungswissenschaft als politsche Wissenschaft[2].

Diese Grundvorstellungen geben für die Versicherungswissenschaft eine entsprechende Ausrichtung. Die Versicherung behandelt das Zusammenleben des Volkes in den Gefahrengemeinschaften der Versicherungswirtschaft als den sozialen Gebilden, die der Lösung der Spannung zwischen Bedarf und Deckung dienen. Auch dieses Zusammenleben ist weltanschaulich gebunden. Auch in der Versicherungswissenschaft ist Einzelforschung und Theorie gleich nützlich und erforderlich.

Der Wirtschaftswissenschaft gegenüber trägt die Versicherungswissenschaft die Verantwortung, daß sie das wirtschaftliche Leben der Gefahrengemeinschaften der Versicherungswirtschaft erfaßt und darstellt und daß sie die Abhängigkeit und Zusammenhänge vollständig aufhellt, die für diese Gefahrengemeinschaften der Versicherungswirtschaft bestehen. Denn nur dadurch kann sie die Berechtigung ihrer Stellung als Hilfswissenschaft der Wirtschaftswissenschaft erweisen[3]. Sie hat gegebenenfalls Vorschläge zu machen, auf welchem Wege die nach ihrer Kenntnis der Gestaltung der Versicherungswirtschaft die schnellste und sicherste Erfüllung der wirtschaftlichen Ziele der Staatsführung erreicht werden kann. Die Versicherungswissenschaft hat aber auch die natürlichen Grenzen abzustecken, die der Versicherung als wirtschaftlichen Einrichtung gesetzt sind und ohne deren Einhaltung die dauernde Gewährleistung des Versicherungsschutzes nicht gegeben ist.

Ob und inwieweit die Staatsführung von der wirtschaftlichen Einrichtung der Versicherung im Einzelfalle Gebrauch machen will oder nicht, insbesondere, wenn es sich erweist, daß die der Versicherung gesetzten wirtschaftlichen Grenzen ihre Heranziehung zu den Wirtschaftsplänen der Staatsführung unmöglich machen, ist Sache der Wirtschaftspolitik. Durch ihre Einordnung in die Wirtschaftswissenschaft hat die Versicherungswissenschaft aber nicht nur das Recht, sondern die Pflicht, auch in solchen Fällen andere Möglichkeiten zur Verwirklichung

---

[1] u. a. LÜTKE S. 29 u. A. WEBER. kurzgefasste Volkswirtschaftslehre Bd. I S. 82.

[2] Insofern ist sie nicht mehr voraussetzungslos v. d. THÜSEN, die Versicherungswissenschaft im In- und Auslande, Deutsche Versicherungswirtschaft Bd. I S. 333.

[3] DÖRFEL, Versicherungswirtschaftslehre S. 13 weist der Versicherungswirtschaftslehre diese Stellung an, betrachtet aber die Versicherungswissenschaft als ein übergeordnetes Wissensgebiet, das in fünf Unterabteilungen zerfällt, tatsächlich selbst aber weiter nichts als einen Sammelpunkt darstellt.

der jeweiligen Staatszwecke an dem durch die Versicherung, wenn auch eingeschränkt erreichbaren Nutzen für die Gesamtheit zu prüfen. Denn „im Zeichen der umfassenden volkswirtschaftlichen Aufgabe wird die deutsche Wirtschaftswissenschaft durch ein Zusammenwachsen und Zusammengehen aller ihrer Teilgebiete gekennzeichnet[1]". Sie ist dazu umso stärker berufen, als ja die Versicherungswirtschaft nicht ein konstruktives Gebilde versicherungstechnischer Kunstfertigkeit, sondern eine von der Staatsführung in der gesetzlich errichteten Organisation der gewerblichen Wirtschaft anerkannte Wirtschaftseinrichtung ist, deren Gehalt nicht allein aus rein wirtschaftlichen, sondern auch aus soziologischen Zusammenhängen besteht und weil das Zusammenleben des Volkes in den Gefahrengemeinschaften der Versicherungswirtschaft ein Teil des gesamten völkischen Zusammenlebens und Zusammenwirkens ist.

Bei ihren Untersuchungen muß die Versicherungswissenschaft wie die Wirtschaftswissenschaft universalgeschichtlich denken und arbeiten[2], vor allem wenn sie geschichtlichen Entwicklungen nachgeht. Also mit Schlagworten wie „Kapitalismus" und „freie Marktwirtschaft" ist da nichts anzufangen. Auch die sogenannten Wirtschaftsstufen geben nur Anhaltspunkte, keine ausschließlichen Beurteilungsgrundlagen. In jeder völkischen Wirtschaft pflegt „eine bestimmte Wirtschaftsordnung gerade nur vorzuwalten; andere aber leben daneben immer noch teilweise nach, und vielleicht künden sich künftige bereits schüchtern an[3]". Daher sind alle Urteile und Schlußfolgerungen der Versicherungswissenschaft zeitgebunden und dürfen immer nur im Zusammenhang mit der jeweiligen Wirtschaftsordnung aufgestellt werden, zumal hier außerdem bei den Versicherungseinrichtungen die Mannigfaltigkeit der wirtschaftlichen Voraussetzungen ihrer Wirtschaftsführung fortgesetzte Veränderungen in der Zusammensetzung der Gefahrengemeinschaften herbeiführt und diese also in keinem Zeitpunkt ihrer Betrachtung völlig gleichartige Beobachtungsgrößen sind.

Untersucht die Versicherungswissenschaft ihr Forschungsgebiet volkswirtschaftlich, betriebswirtschaftlich[4], statistisch oder soziologisch, so beleuchtet sie damit nur die verschiedenen Seiten des Problems. Immer aber geht sie dabei von der Würdigung der Versicherung als Gemeinschaftswerk und Gemeinschaftsaufgabe des Volkes aus. Dies ist ihre

---

[1] Rath, Von der Sozialökonomik zur Volkswirtschaftslehre, Deutschlands Erneuerung, 24. Jahrgang H. 1 S. 7.

[2] Eucken, Grundlagen der Nationalökonomie S. 69 und 76.

[3] Gottl-Ottlilienfeld, Wirtschaftspolitik und Theorie S. 21.

[4] „Betriebliche Leistung ist nicht ohne weiteres gleichbedeutend mit volkswirtschaftlicher Nutzleistung". Hasenak, Grundlagen der Betriebswirtschaft in Deutsche Versicherungswirtschaft Bd. I S. 95.

Besonderheit gegenüber allen anderen wirtschaftswissenschaftlichen Forschungen. Denn nur durch diese Beschränkung gewinnt sie den Anspruch auf selbständige Urteilsfindung auf ihrem Sondergebiete[1]. Aus dieser Einstellung heraus gewinnt die Versicherungswissenschaft auch die Kraft, für ihr Arbeitsgebiet Richtung gebend denjenigen Wissensgebieten gegenüber zu werden, die sich technisch der Versicherung zur Verfügung stellen. Die Versicherungstechnik ist nicht sakrosankt. Auch wenn andere Wissensgebiete auf Grund ihrer eigenen wissenschaftlichen Grundlagen für die Versicherungstechnik Urteile gebildet und entwickelt haben, so ist doch die Beurteilung der Zweckmäßigkeit der Anwendung ihrer Forschungsergebnisse auf die sozialen Gebilde der Versicherungswirtschaft ihrer eigenen Beurteilung entzogen. Darüber würde vielmehr allein die Versicherungswissenschaft zu urteilen haben. Versicherungswissenschaftliche Probleme sind immer wirtschaftliche Probleme. Ihre technische Behandlung kann mit anderen als wirtschaftlichen Methoden durchgeführt werden, aber ihre Beurteilung kann immer nur vom wirtschaftswissenschaftlichen Gesichtspunkten aus erfolgen. Das bedeutet auch eine Beschränkung für die Versicherungswissenschaft selbst, denn stellt diese volkswirtschaftliche, betriebswirtschaftliche, statistische oder soziologische[2] Untersuchungen an, so gehen auch diese stets vom Standpunkt der Gemeinschaftsbestimmung des Versicherungswesens aus.

2. Das Forschungsgebiet der Versicherungswissenschaft ist die Versicherung als Gemeinschaftswerk und Gemeinschaftsaufgabe des deutschen Volkes.

Schon die Begründung zum Versicherungsaufsichtsgesetz sagte: „Es ist bei der dem deutschen Volke eigenen Auffassung von der Aufgabe des Staates unmöglich, dem Staate dem Versicherungswesen gegenüber

[1] Völlig abzulehnen ist daher die Auffassung von SCHMID (Beitrag zur Systematik der Versicherungswirtschaftslehre, Versicherungsarchiv 5. Jahrgang Nr. 4 S. 295 ff.), der die Versicherungswirtschaftslehre lediglich von der Betriebswirtschaftslehre aus abhängig machen will, dabei aber die Einheit der Wirtschaftswissenschaft völlig übersieht. S. dazu SCHÖNPFLUG, der Erkenntnisgegenstand der Betriebswirtschaftslehre S. 164 ff.

[2] Viel nachzuholen ist auf dem Gebiete der soziologischen Betrachtung, für die das Versicherungswesen gerade besonders interessante Beziehungen und Beobachtungen aufweist, bilden doch gerade soziologische Gesichtspunkte für alle Fragen der Organisation, des weiteren Aufbaus der Versicherung, des Verhältnisses der Versicherungsverwaltungen zum Versicherungsnehmer, der Erziehung der Versicherungsnehmer zu gemeinwirtschaftlichem Denken u. dgl. eine besondere Rolle. S. dazu meine Abhandlung: Versicherungswesen und Soziologie in den Veröffentlichungen des Berliner Hochschulinstituts H. 1 S. 47 ff. und MAHR, Das Versicherungsverhältnis in Bd. 36 d. Zeitschrift f. d. gesamte Versicherungswissenschaft S. 22 ff.

kein anderes Interesse zuzusprechen als gegenüber einer beliebigen, auf Erzeugung und Bereitstellung materieller Güter für den Volksbedarf gerichteten freien Gewerbetätigkeit[1]". Die nationalsozialistische Wirtschaftsauffassung hat diese Sonderstellung des Versicherungswesens in der Gesamtwirtschaft durch die Verankerung der Versicherung in dem Gemeinschaftsgedanken noch verstärkt. Von der höheren Warte des Gemeinschaftsgedankens hat auch die Versicherungswissenschaft die innere Durchleuchtung der Versicherungswirtschaft vorzunehmen. Die großen Teilgebiete der Privat- und Reichsversicherung, die verschiedenen Betriebs- und Bewirtschaftungsformen verlieren durch gleichartige innere Aufgaben äußere Gegensätzlichkeiten. Nur auf diese Weise sind auch die Abhängigkeiten der verschiedenen Versicherungszweige und innerhalb dieser der mannigfachen Versicherungsarten festzustellen und in den Rahmen eines einheitlichen Gesamtbildes, auf den Boden ihrer pflichtmäßigen Verbundenheit für Volk und Wirtschaft zu stellen. Überall sind die Teilaufgaben klarzulegen, die hier erfüllt werden und zu erfüllen bleiben. Die besondere Versicherungslehre entspricht hier der Volkswirtschaftspolitik als speziellem Teil der Nationalökonomie. In dieser besonderen Versicherungslehre wird auch die Versicherungstechnik behandelt, die die in den Anfangsgründen des Versicherungswesens allein angewandte Geschäftsroutine ersetzt hat. Es könnte nun zweifelhaft sein, ob die Versicherungswissenschaft sich nicht mit der Prüfung der Ergebnisse zu begnügen hätte, die die Versicherungstechnik den Geisteswissenschaften entnimmt, oder ob sie diese Prüfung auch auf die naturwissenschaftlichen Forschungsergebnisse erstrecken soll. Das letzte ist zu bejahen, weil anderenfalls die Einheit der Behandlung der Versicherung als Gemeinschaftsaufgabe nicht erreicht werden kann. Auch die Erkenntnisse der Naturwissenschaften hat die Versicherungswissenschaft zwar nicht als solche, aber auf ihre richtige Erfassung und berechtigte Anwendung für die Versicherung zu beurteilen und gegebenenfalls ihre Einschränkung und Ergänzung zu fordern. Maßstab für die Stellungnahme der Versicherungswissenschaft ist dabei die Bedeutung dieser Erkenntnisse und ihrer Verwertung für das Leben und Gestalten in den sozialen Gebilden der Gefahrengemeinschaften. Mathematische, medizinische, ingenieurtechnische, geographische, meteorologische Betrachtungen zum Versicherungswesen sind also nicht Teilansichten zu dem wirtschaftlichen Versicherungsproblem, wie etwa die betriebswirtschaftlichen, statistischen und soziologischen Untersuchungen, sondern lediglich Verfahrenserörterungen für die praktische Behandlung des Versicherungsschutzes, Anregungen für die Versicherungstechnik und daher aus diesem Grunde den wirtschaftlichen Einsichten des Gesamtproblems

[1] Stenographische Berichte über die Verhandlungen des Reichstags, 10. Legislaturperiode, II. Session 1900/02, 1. Anlageband S. 171.

nachgeordnet[1]. Die Pflege aller Wissensgebiete, die der Versicherung dienen, betont die Satzung des Deutschen Vereins für Versicherungswissenschaft mit Recht als Aufgabe der Versicherungswissenschaft: denn je feiner die Versicherungstechnik sich entwickeln läßt, desto leichter, vollständiger und zuverlässiger kann das Gemeinschaftswerk der deutschen Versicherung aufgebaut werden. Immerhin geben solche Forschungsergebnisse nur Hinweise, wie den von der Versicherung behandelten Zufallsgefahren beizukommen ist. Der Wirtschaft ist aber nicht nur daran gelegen, daß Versicherungsschutz überhaupt besteht, sondern daß dieser Versicherungsschutz den wirtschaftlichen Bedürfnissen und Möglichkeiten der Gesamtheit entspricht und daß seine technische Behandlung demzufolge in Auffassungen, Formen und Verteilungen erfolgt, die den tragenden Gedanken der Wirtschaftspolitik angepaßt sind. Dazu bedarf es Urteilen der Wirtschaftswissenschaft und ihrer Hilfswissenschaft der Versicherungswissenschaft. Als Leitsatz für diese Urteile gilt nicht das technische Ergebnis, sondern der gemeine Nutzen für Volk und Reich.

Die Rechtslehre hat sich ja schon seit langem der Wirtschaft als Ordnerin zur Verfügung gestellt, indem das Recht gewissermaßen nur die „Wirtschaft in ihrer Wertung“ sein will[2]. Das Versicherungsrecht hat seine besondere Bedeutung in der Versicherungstechnik erhalten[3]. Aber die Rechtswissenschaft hat ausdrücklich anerkannt, daß die Versicherungswissenschaft die allgemeine Rechtsdogmatik wesentlich zu bereichern vermochte[4]. Eine solche Befruchtung werden auch andere Wissensgebiete aus ihren Beziehungen zur Versicherung erfahren können, je stärker sie in ihrer Arbeit der Versicherung als einer Gemeinschaftsaufgabe des deutschen Volkes gerecht werden.

---

[1] Anderer Auffassung anscheinend MELLEROWICZ, Versicherung und Betriebswirtschaftslehre, Veröffentl.d.Berliner Hochschulinstituts f. Versicherungswissenschaft H. 1 S. 25. RIEBESELL ebenda S. 63 und WAGENFÜHR ebenda S. 9.

[2] SCHMIDT-RIMPLER, Versicherungswirtschaft und Versicherungsrecht. Veröffentlichungen d. Berliner Hochschulinstituts f. Vers-Wissenschaft H. 1 S. 68. Nach STAMMLER, Rechtsphilos. Abhandlungen Bd. 1 S. 412 sind Recht und Wirtschaft zwei notwendig verbundene Elemente eines und desselben Gegenstandes.

[3] HAGEN, Seeversicherungsrecht, H. 62 d. Veröffentlichungen d. Deutschen Vereins f. Versicherungswissenschaft S. 2.

[4] MÖLLER, Summen und Einzelschaden, Hamburger Rechtsstudien H. 30 S. 3. Den interessantesten Beitrag dazu hat R. MAITANI in seinem System des Unternehmungsrechts, Hanseatische Rechts- und Gerichtszeitschrift 1935 8/9 Heft geliefert. (Dieser Aufsatz ist auch selbständig in Tokio in deutscher Sprache erschienen, s. auch das dort angeführte Schrifttum, vor allem TANAKA, der auf meiner soziologischen Untersuchung über den Versicherungsnehmer (Festschrift für Manes 1927) aufbaut.

3. Die Versicherungswissenschaft untersucht die Lebenskraft und Lebensgestaltung der Versicherungswirtschaft und der sozialen Gebilde der Gefahrengemeinschaften.

Der Besonderheit des Arbeitsgebietes, das der Versicherungswissenschaft zugewiesen ist, entspricht auch die Besonderheit der Behandlung ihrer Grundlagen. Die Volkswirte, Betriebswirte, Statistiker, Soziologen mögen bei ihrer beiläufigen Beschäftigung mit der Versicherungswirtschaft nur einzelne Fragen berühren und ihre Einzelerörterung mag ihnen genügen. Der Versicherungswissenschaftler hat aber die Pflicht, in allen seinen Ableitungen, die ein Urteil gestatten sollen, der Vielgestaltigkeit der technischen Grundlagen und wirtschaftlichen Abhängigkeiten des Versicherungswesens Rechnung zu tragen. Er muß dabei stets von dem Gesamtbild ausgehen. Denn für ihn sind Versicherung und Versicherungswirtschaft eine Einheit, die aus der mannigfachen Beleuchtung ihrer verschiedenen Anlagen und Ausdrucksformen an Sicherheit ihrer Gestaltung nur gewinnen kann. Aus der Darstellung des Versicherungswissenschaftlers muß noch die warme Lebenskraft der Versicherungspraxis ausstrahlen, ihm muß sich das Zusammenwirken der Mitglieder der Gefahrengemeinschaften zu einer harmonischen Lösung aller Probleme offenbaren, er muß überall den Einklang der Spannungen zwischen Bedarf und Deckung erkennen. Das kann aber nur dort der Fall sein, wo die Verbindung der Versicherungswissenschaft mit der Versicherungspraxis so eng ist, daß ihr alle inneren Wandlungen und Zusammenhänge klar vor Augen stehen. Die Versicherungswissenschaft an der Kölner Universität hat von Anfang an diesem Grundsatz gehuldigt, eine solche Verbindung mit der Praxis zu schaffen. Der erste Inhaber des hiesigen Lehrstuhls, Prof. Moldenhauer, ist in dieser festen Verknüpfung seiner Tätigkeit mit der Versicherungspraxis ein unerreichter Meister geblieben. Kein Versicherungswissenschaftler kann aber ohne tiefgreifende praktische Kenntnisse überhaupt bestehen. Das haben die ersten Dozenten des Versicherungsrechts schon frühzeitig erkannt, indem sie sich nebenher oder in ihren Ferien praktisch zu betätigen suchten[1]. Die reine Theorie spielt in einer Erfahrungswissenschaft, die von den täglichen Veränderungen im Binnen- und Weltwirtschaftsverkehr abhängig ist, keine führende Rolle. Für die Vollständigkeit und Geschlossenheit der Erkenntnis des Versicherungswesens ist die Versicherungswissenschaft aus ihrer Erfahrung heraus der Wirtschaftswissenschaft und dem Volke verantwortlich. Denn eine lückenhafte oder falsche Beurteilung der Versicherung als Gemeinschaftsaufgabe des

[1] Veröffentlichungen des Deutschen Vereins für Versicherungswissenschaft H. III S. 50.

deutschen Volkes ist nicht nur eine akademische Enttäuschung, sondern sie kann sich für das Sein und Werden der gesamten wirtschaftlichen Entwicklung der in dieser Gemeinschaft verbundenen Mitglieder verhängnisvoll auswirken. Von dem Blick auf die Ganzheit der Versicherungsidee ist die Entscheidung jedes einzelnen Versicherungsproblems abhängig.

Die Methode der wissenschaftlichen Untersuchung ist hier nicht einfach. Vielleicht wäre hier von Idealtypen auszugehen, an denen diese Fragen geprüft werden können, Idealtypen, die keine Traumgebilde, sondern Wirklichkeiten sind und für gegenwärtige Entscheidungen zumindest in gewissen Fragen den Ausgangspunkt bilden können. Außerdem wird eine sorgfältige Analyse der Betriebswirtschaften und der soziologischen Grundlagen den Stoff zu Erkenntnissen allgemeiner Art erst vorbereiten müssen. Hier braucht die Versicherungswissenschaft die Mithilfe der Praxis im weitesten Umfange, um zunächst einmal die reine Wirklichkeit zu erkennen. Was dem Praktiker selbstverständlich zu sein scheint, muß der Wissenschaftler erst als wahr und richtig ermitteln. Ohne daß hier die Betriebe gewisse Sonderfeststellungen für bestimmte Fragen der Wissenschaft machen, wird es dabei nicht abgehen. Aber schließlich sind das kleine Opfer gegenüber den Folgen falscher verallgemeinernder Urteile.

Sonderuntersuchungen, die Versicherungsfragen von einzelnen Wissensgebieten aus behandeln, sind zwar erwünscht und notwendig, aber sie dürfen immer nur als Einzeluntersuchungen bezeichnet und gewertet, nicht zu verallgemeinernden Urteilen verwandt werden. Stets sind die Ergebnisse versicherungswissenschaftlicher Forschung auch an dem tatsächlichen Lebensgang der sozialen Gebilde der Gefahrengemeinschaften zu messen. Denn nur so können wahre und wirklichkeitsnahe Urteile entstehen.

Arbeitsstoff für die Versicherungswissenschaft als selbständige Hilfswissenschaft der Wirtschaftswissenschaft ist genug vorhanden. Die Versicherungswissenschaft braucht also kein „Sammelsurium" zu sein Das besondere Forschungsgebiet der Versicherungswissenschaft berechtigt aber nicht nur zur Anerkennung ihres Charakters als Wissenschaft sondern sie gibt ihr auch eine besondere Aufgabe. Diese Aufgabe ist nun für ihre Stellung zur Versicherungswirtschaft entscheidend.

II. Versicherungswissenschaft als Aufgabe.

Schon zu Eingang meiner Ausführungen hatte ich darauf aufmerksam gemacht, daß die ersten Anfänge einer Versicherungswirtschaft garnicht weit zurückliegen, ja daß sie nach einer kurzen Zeit formeller Zusammenfassung der Versicherungsfachverbände in einen Zentralverband eigentlich erst von der Novemberrevolution des Jahres 1918 an ausgehen. Von da ab bis zum politischen Umbruch des Jahres 1933 wuchs das Bewußtsein der Zusammengehörigkeit aller Versicherungszweige und Versicherungsarten als Ausfluß einer einheitlichen Versicherungsidee allerdings stark. Immerhin blieben bedeutende Gegensätze zwischen den Betriebsformen, den Wettbewerbs- und Organisationsmethoden sowie den Auffassungen über die Geschäftshandhabung. Sie störten noch wiederholt die Gesundung notleidender Versicherungsarten und gestatteten noch nicht einmal die völlige Ausmerzung unwürdiger und unehrlicher Mitarbeiter aus dem Berufsstand. Das hatte verschiedene Gründe. Vor allem war in allen Versicherungszweigen die fachliche Vereinigung der Versicherungsunternehmungen unvollständig. Überall sträubten sich Außenseiter gegen ein solches Zusammengehen mit gleichartigen Versicherungsunternehmungen im Interesse ihrer Geschäftspolitik. So blieben die Fachverbände nach außen hin beschränkt auf eine Abwehrstellung gegen die Gefährdung ihrer Technik und ihres Finanzgebarens durch öffentliche Angriffe, Maßnahmen der Staatsverwaltung und Fehlurteile der Rechtssprechung, und waren daneben bestrebt, die Wettbewerbsverhältnisse zu verbessern, die versicherungstechnischen Grundlagen zu verfeinern und die Vertragsregelungen klarer zu gestalten. Das Gesetz des eigenen Handelns im Interesse der Gesamtwirtschaft legte den Versicherungsunternehmungen erst die 1934 erfolgte gesetzliche Einrichtung der Organisation der gewerblichen Wirtschaft auf. Sie bildet die Stelle der Befehlsdurchgabe für die Richtlinien des autoritären Staates[1]. In Wechselwirkung hierzu stand dann die andere Bestimmung dieser Organisation, „die Mitarbeit der an der Front des wirtschaftlichen Geschehens tätigen Menschen zu sichern[2]". Mit Erfüllung dieser Aufgabe diente die Reichsgruppe Versicherungen als selbständiger Teil dieser Organisation der gewerblichen Wirtschaft der Wirtschaftspolitik des Reiches. Das Gesetz hatte durch die Anordnung der Pflichtmitgliedschaft für alle Versicherungseinrichtungen dafür gesorgt, daß ihr Einfluß sich im Gegensatz zu den alten Fachverbänden auf alle Versicherungsbetriebe erstreckte. Nur dadurch konnte überhaupt eine systematische, planvolle Bewirtschaftung der Versicherungsidee innerhalb und zu-

[1] Barth, Wesen und Aufgaben der Organisation der gewerbl. Wirtschaft S. 13.
[2] Nach dem Reformerlaß des Reichswirtschaftsministers vom 7. Juli 1936.

gunsten der deutschen Volkswirtschaft erreicht werden; seitdem ist in des Begriffes strengster Bedeutung Versicherungswirtschaft also eigentlich erst vorhanden.

Alle Versicherungseinrichtungen Deutschlands sind auf das einheitliche Ziel ausgerichtet, zu Nutzen von Volk und Reich zu wirken. In dieser Wirtschaftsgesinnung treffen sie sich zwar mit allen übrigen Wirtschaftszweigen. Aber da in der Versicherung die zur Bewirtschaftung dienenden Mittel nicht Betriebsmittel einzelner Unternehmer sind, — das Unternehmerkapital ist in der Versicherungswirtschaft reines Garantiekapital — sondern aus dem Volk stammen und für das Volk verwandt werden sollen, so bilden die Versicherungseinrichtungen gewissermaßen eine verschworene Gemeinschaft in ideeller und wirtschaftlicher Beziehung. Die Wege, die der Erlaß des Reichswirtschaftsministers vom 7. Juli 1936 der Organisation der gewerblichen Wirtschaft zur Erreichung des gemeinsamen Zieles gewiesen hat, sind daher für die Versicherungseinrichtungen mehr als Richtlinien. Sie sind wesentliche Bestandteile der Aufgabenerfüllung. Der Reichswirtschaftsminister regt hier nicht nur zu volkswirtschaftlichen, betriebswirtschaftlichen und statistischen Untersuchungen und Überlegungen an, er verlangt auch ausdrücklich die Förderung von Forschungs- und Schulungsinstituten und die Ausbildung des Nachwuchses.

Das Blickfeld der Versicherungseinrichtungen auf wissenschaftliche Untersuchungen hat sich also völlig verschoben gegenüber jenen Zeiten, in denen der Deutsche Verein für Versicherungswissenschaft gegründet und in seinem Schoße von der Versicherungswissenschaft mehr ein technisches Können als ein wirtschaftliches Begreifen gefordert wurde. Jetzt zeigt sich der Primat der Politik, die der Versicherungswissenschaft ebensowenig wie der Wissenschaft überhaupt gestattet, in stiller Versonnenheit zu grübeln, sondern die das Ringen um das wahre Wissen an die Erfüllung der höchsten Leistung bindet. Damit ist die wissenschaftliche Forschung zu einem Bestandteil des schaffenden Lebens erhoben. Die Versicherungswissenschaft ist aus ihrer Aschenbrödelrolle herausgetreten und zu einem treuen und zuverlässigen Arbeitskameraden der Versicherungspraxis geworden. Die alten Gegensätze zwischen Theorie und Erfahrung sind aufgehoben, denn beide streben zum gleichen Ziele, dem Volke zu dienen. Die in der liberalistischen Wirtschaftsordnung nur von einzelnen Staatsmännern geäußerte Auffassung: „Das höchste Gut eines Volkes ist nicht die Dividende und ist nicht der Reinertrag[1]" ist Allgemeingut von Wissenschaft und Praxis geworden. Die Führung der Wirtschaftsbetriebe versachlicht sich demnach. Der persönliche Unternehmungsgeist ist damit nicht etwa erloschen oder jede

[1] v. POSADOWSKY, zitiert nach BISCHOFF, die Forderungen der Praxis, Veröffentlichungen des Dt. Vereins für Versicherungswissenschaft H. 3 S. 32.

schöpferische Gestaltung ausgeschlossen, sondern im Gegenteil, der wirtschaftende Mensch gestaltet sich im Betrieb seine Welt durchaus selbst: „Die neue Form der nationalsozialistischen Wirtschaft wird nicht auf einer behördlichen Platzanweisung, sondern allein auf dem schöpferischen Können und dem verantwortungsbewußten Leistungswillen des deutschen Menschen aufbauen[1]“. Der deutsche Mensch ist dabei davon überzeugt, daß die Wohlfahrt des eigenen Lebens abhängig ist von der Wohlfahrt des Volkes und daß der Aufbau der gesunden Wirtschaft des Volkes dem Aufbau der eigenen Wirtschaft vorausgehen muß. Gesund ist aber nur eine auf Leistung aufgebaute Volkswirtschaft. Der Leistungswille ist die entscheidende Triebkraft. Die Steigerung der Leistungsfähigkeit ist auch im Versicherungswesen eine noch unausgeschöpfte und voraussichtlich mit der stetig fortschreitenden Verfeinerung der technischen Mittel überhaupt nicht ausschöpfbare Frage, an der Versicherungspraxis und Versicherungswissenschaft Hand in Hand arbeiten können und müssen. Diese Leistungsverbesserung besteht nicht etwa nur in einer Kostensenkung nach liberalistischem Muster, bei der die Senkung des Arbeitslohnes u. dgl. den Ertrag verbessern helfen muß. Eine Leistungssteigerung, wie sie heute von dem Versicherungswesen erwartet wird, bedeutet auch keine Rechenkunststücke oder begnügt sich nicht mit der Sanierung des einen oder anderen Betriebes, sondern erfordert planvolle Einordnung des ganzen Versicherungswesens in den Gesamtaufbau der Wirtschaft. Aufgabe der Versicherungswissenschaft ist es hier, die leitenden Gedanken der Volkswirtschaft auf das Versicherungswesen zu übertragen und sie an dem jeweiligen Stande der Versicherungswirtschaft immer wieder zu entwickeln. Dazu wird eine Reihe von Untersuchungen und Überlegungen anzustellen sein, die alle Teile der Wirtschaftswissenschaft erfassen, aber immer wieder in die Ganzheit der Versicherungsidee münden müssen[2].

---

[1] LOHBECK, Europäisches Wirtschaftszentrum 1939 S. 82.

[2] Ebenso falsch wie es wäre, wenn man die Volkswirtschaft von der Einzelwirtschaft aus begreifen wollte. S. PÜTZ, Über den Erkenntnisgegenstand der Volkswirtschaftslehre. Zeitschrift d. ges. Staatswissenschaft 100. Bd. S. 123, s. a. EUCKEN S. 259. Schließlich ist das Zurückgehen auf die Tiefe Wesensbestandteil der Wissenschaft überhaupt. WILHELM v. HUMBOLDT hat hier mit Recht gewarnt: „Sobald man aufhört, eigentlich Wissenschaft zu suchen, oder sich einbildet, sie brauche nicht aus der Tiefe des Geistes herausgeschaffen, sondern könne durch sammeln extensiv aneinandergereiht werden, so ist alles unwiederbringlich und auf ewig verloren; verloren für die Wissenschaft, die, wenn dies lange fortgesetzt wird, dergestalt entflieht, daß sie selbst die Sprache wie eine leere Hülse zurückläßt und verloren für den Staat. Denn nur die Wissenschaft, die aus dem Innern stammt und ins Innere gepflanzt werden kann, bildet auch den Charakter um und dem Staat ist es ebenso wenig wie der Menschheit um Wissen und Reden, sondern um Charakter und Handeln zu tun.“ (Über die innere und äußere Organisation der höhern wissenschaftlichen Anstalten in Berlin 1810.)

Es ist daher dankenswert, daß die Versicherungswirtschaft in den letzten drei Jahren verschiedene Forschungsinstitute[1] sich aufgebaut hat, die sie bei ihrem Bestreben, die zweckmäßigsten und für die Gesamtheit nützlichsten Wege zu gehen, unterstützen sollen. Auch an denjenigen Hochschulen, die keine solche Institute besitzen, zeigt sich vermehrtes Interesse an der Darstellung und Behandlung von Versicherungsfragen. Die Akademie für deutsches Recht hat einen besonderen Versicherungsausschuß gebildet, die Deutsche Wirtschaftswissenschaftliche Gesellschaft von ihrer Gründung an eine besonders ausgestaltete Abteilung Versicherung geführt. Dem Begehren der Versicherungspraxis nach Einsicht in die großen Zusammenhänge und nach theoretischer Voraussicht[2] entspricht diese Erweiterung der wissenschaftlichen Arbeit. Der Versicherungspraktiker verläßt sich nicht mehr allein auf seine Erfahrung, von der er früher auszugehen gewohnt war und die er gewöhnlich höher stellte als wissenschaftliche Denkarbeit. Schon an anderer Stelle[3] habe ich darauf hingewiesen, daß die Erfahrungen, auf die sich die Versicherungswirtschaft früher stützen konnte, weil sie etwa gleichartigen Wirtschaftsabläufen entnommen waren, durch die Kriegs-, Inflations- und Deflationszeit entwertet wurden. Die hier entstandenen Lücken können z. B. durch Marktforschungen[4], betriebswirtschaftliche Kostenprüfung, soziologische Untersuchungen über die gegenseitigen Beziehungen der Gruppenmitglieder in den Gefahrengemeinschaften u. dgl. ausgefüllt werden. Die Zahl der Probleme ist so gewaltig,

---

[1] Wie wichtig gerade die Errichtung von Instituten für die Forschung ist, darüber sagt SEYFFERT (Nicklisch, Handwörterbuch der Betriebswirtschaft Bd. I Sp. 970): Solche Institute haben ähnlich wie ihre Vorbilder auf naturwissenschaftlichem Gebiete die Aufgabe, alles bereitzustellen, was für einen geordneten Forschungs- und auch Unterrichtsbetrieb erforderlich ist, insbesondere auch nach der technischen Seite hin. Auch die Forschung hat in den meisten Fällen zunächst eine technische Seite zu meistern, ehe die wissenschaftliche Arbeit einsetzen kann. Der Anteil der Institute an der Forschungsarbeit wird in der Hauptsache bestehen im Materialsammeln und Bereitstellen von Apparatur und Arbeitsplätzen. Unerläßlich ist weiter Bibliothek und Archiv. Die zahlreichen wichtigsten Tatsachenmeldungen der Tageszeitungen, die große Zahl der praktischen Zeitschriften, Mitteilungsblätter, Rundschreiben der Organe der gewerblichen Wirtschaft und der Verbände usw. stellen in ihrer Ordnung und Aufbewahrung besondere Probleme.

[2] Vgl. meine Abhandlung über: „Betriebswirtschaftliche Erfolge und volkswirtschaftliche Aufgaben in der Versicherungswirtschaft“ in „Versicherungswirtschaft und Versicherungslehre“ 1937 S. 63 ff.

[3] Wirtschaftsw. Forschungsaufgabe d. Vers.Wesens. Veröffentlichungen d. Berliner Hochschulinstituts f. Vers.Wissenschaft H. 2 S. 7.

[4] S. dazu DEUTSCH in Deutsch-Hirai, Neues betriebswirtschaftliches Quellenbuch S. 113 ff.

daß intensivste Arbeit für ein Heer von Wissenschaftlern vonnöten wäre, um nur die wichtigsten gründlich zu behandeln[1].

Aber da zeigen sich auch hier die Fehler der liberalistischen Wirtschaftspolitik, daß jahrzehntelang der Versicherungswissenschaft der ihr gebührende Platz versagt blieb. Denn nun fehlen für alle diese jetzt brennenden Untersuchungen die kundigen Köpfe. Die Nachwuchsausbildung, die durch den Weltkrieg und die Inflation fast ganz unterbrochen worden war, ist seitdem niemals entsprechend nachgeholt worden, weder in der Wissenschaft, noch auch in der Praxis. Denn auch die frühere Ausbildung der Praktikanten in den Generalagenturen, die die Gesamtheit der Versicherungsvorgänge und Versicherungsarten in kleinen Betrieben erfaßten und in ständiger Berührung mit den Versicherungsnehmern stehen, hat meist aufgegeben werden müssen. Der Heißhunger nach Wissen ist aber bei allen Gefolgschaftsmitgliedern groß. Davon zeugt der Besuch der Kurse der Arbeitsfront, die Einrichtung von Übungsfirmen bei den Versicherungsunternehmungen, die zunehmende Betriebsschulung u. dgl. Hier hat die Versicherungswissenschaft zunächst anzusetzen. Ihr erwächst die bedeutende Aufgabe, über den Kreis des Geschäftlichen, Versicherungstechnischen hinaus nicht nur den Studenten, sondern auch den dafür vorgebildeten Praktikanten die inneren Zusammenhänge der Versicherungswirtschaft darzustellen, die Einordnung des Versicherungswesens in die Gesamtwirtschaft aufzuhellen und die Richtlinien vor Augen zu führen, die für die Bewirtschaftung der Versicherungsidee heute Geltung haben. Das Kölner Institut für Versicherungswissenschaft wird sich dieser Ausbildung ganz besonders widmen. Es ist daher entschlossen, nicht nur in Köln, sondern an den wichtigsten Versicherungsplätzen von Rheinland und Westfalen Vorträge und Kurse abzuhalten, um diesem Bildungsbedürfnis zu entsprechen. Aber auch hier ist die engste Verbindung mit der Praxis vonnöten. Ich habe daher schon während meiner Lehrtätigkeit an der Wirtschafts-Hochschule Berlin Gelegenheit genommen, Führungen zu veranstalten. Diese Führungen betreffen in erster Linie Versicherungseinrichtungen verschiedenster Zweige. Denn das gesprochene Wort haftet besser, wenn es durch eigene Inaugenscheinnahme bestätigt wird. Studierende und Praktikanten lernen an solchen Besichtigungen für ihre zukünftige Tätigkeit schon durch die reine Anschauung. In gleicher Weise interessieren aber auch industrielle und Handelsbetriebe, ja sogar

[1] Die Initiative für die Forschung kann sehr wohl bei der Wissenschaft selbst liegen. Wenn E. v. d. TH. in der Zeitschrift f. d. gesamte Versicherungswissenschaft Bd. 40 S. 90 eine Anregung von „oben" für nötig hält, so betrachte ich diese Richtungsangabe als lapsus calami. Denn ohne Gleichberechtigung von Versicherungswissenschaft und Versicherungspraxis ist an eine objektive Forschung garnicht zu denken.

öffentliche Einrichtungen wie Post und Eisenbahn. Hier kann die Verschiedenheit der Wagnisbeurteilung, die Verbilligung des Versicherungsschutzes durch bauliche Maßnahmen, die Schadensverhütungseinrichtungen, die Werthäufung in einzelnen Komplexen und vieles andere dargetan werden. Daneben ist der Fabrikationshergang, die Arbeitsregelung und -verteilung, die Rohstoffverwertung und Abfallbehandlung von ganz großem Interesse für die Versicherungstechnik. Wer später im Dienst der Versicherungspraxis, im Innen- oder Außendienst, den Bedürfnissen der schaffenden Wirtschaft auf seinem Arbeitsplatz dienen soll, muß die Arbeit der Wirtschaft aus ihren Betrieben selbst kennen und Fragen, um die es sich dabei vom Versicherungsstandpunkt aus handeln kann, an Ort und Stelle erörtert sehen. Auch im Unterricht muß die Versicherungswissenschaft also immer wieder wirklichkeitsnahe Kenntnisse vermitteln[1]. Ohne eine solche Ausbildung ist an die Heranbildung eines geeigneten Führernachwuchses nicht zu denken. Wir brauchen aber in der Versicherung genau wie in der übrigen Wirtschaft auch in Zukunft Führerpersönlichkeiten mit klarer Einsicht in den Lauf der Wirtschaft und schöpferischen Talenten, um überall den Einklang von Bedarf und Deckung zu schaffen. Es wäre ein Fehler zu glauben, daß es sich in der Versicherungswirtschaft um eine hauptsächlich verwaltende Tätigkeit handele. Die Vielfältigkeit der Aufgaben, die die Versicherungswirtschaft in der Gesamtwirtschaft zu erfüllen hat, erfordert auch eine Vielfältigkeit der Anlagen und Ideen seiner leitenden Persönlichkeiten. Die großen Erfolge einzelner Versicherungsunternehmungen sind immer Leistungen hervorragender Praktiker gewesen, die es verstanden haben, ihren Betrieb in stetem Blick auf ihre Umgebung und auf die ganze Entwicklung der Wirtschaft zu führen.

Wie die Versicherungswissenschaft den großen wirtschaftlichen Erfolgen der deutschen Versicherungswirtschaft und ihrer Leiter nie die Achtung und Anerkennung versagt hat, rechnet sie auch auf eine objektive Würdigung ihrer eigenen Methoden und Untersuchungen. Wer seine Wissenschaft ernst nimmt, wird mit Erkenntnissen vorsichtig sein. Im Zuge der Praxis liegt es, schnell greifbare Ergebnisse zu verlangen. Sobald die statistischen Unterlagen, wie sie die Wirtschaftsgruppen überall aufbereiten, eine Bearbeitung und Verwendung gestatten, werden sich Erkenntnisse leichter bilden lassen; aber Geduld ist erforderlich. Was jahrzehntelang versäumt wurde, kann nicht in kurzer Frist nachgeholt werden. Je stärker hier die Versicherungswirtschaft die Versicherungswissenschaft unterstützt, je schneller sind Ergebnisse zu erzielen. Daß die Wirtschaftsgruppen die Arbeit des Instituts durch zumindest vertrauliche Einsichtgewährung in ihre statistischen Ermitt-

[1] Auch die Industrie hat die Richtigkeit dieser Auffassung bestätigt, indem sie gerade für diese Zwecke dem Kölner Institut großzügige Spenden gegeben hat.

lungen fördern, darf wohl vorausgesetzt werden. Auch das Reichsaufsichtsamt für Privatversicherung begrüßt eine möglichst ausgiebige Mitarbeit der Versicherungswissenschaft. Jede Forschung der Versicherungswissenschaft wird von dem heiligen Feuer des Interesses an dem Gemeinschaftswerk der Versicherung durchglüht sein. Wenn vorhin die Theorie als die höchste Verwirklichung der Praxis bezeichnet worden ist, so gilt das allerdings nur von dem Idealtypus der Praxis, nicht schlechthin von dem Gegebenen. Zweckmäßigkeit und Notwendigkeit des Gegebenen unterliegen natürlich der wissenschaftlichen Prüfung. Das erfordert auch die politische Aufgabe der Versicherungswissenschaft. Hier kann die Erkenntnis des Idealzustandes auf abweichende Auffassungen von dem Gegebenen hinauslaufen. Dabei ist die Wissenschaft aber nicht etwa Schulmeisterin der Praxis, sondern sie erfüllt nur ihre innerste Bestimmung. Jede wissenschaftliche Prüfung dient ja lediglich dem Zwecke, den höchsten Nutzen aus der Versicherung für Volk und Reich zu gewinnen und in diesem Ausgangspunkt werden sich Versicherungswissenschaft und Versicherungspraxis immer treffen können[1]. Die Versicherungswissenschaft ist aber auf Grund ihrer besonderen Kenntnis der Lebenskraft und der Lebensbedingungen der Versicherungswirtschaft auch berufen, einzutreten, wenn von außen her an die Versicherungswirtschaft Vorschläge herangetragen werden, die keine Förderung des gemeinen Nutzens für Volk und Reich erwarten lassen.

Auch zwischen Verwaltungsaufsicht und Versicherungswirtschaft hat sich ein Wandel der Auffassungen vollzogen. Nach der Begründung des Entwurfes zum Aufsichtsgesetz sollte sich das Gesetz in erster Linie mit gewerbe- und wirtschaftspolizeilichen Fragen beschäftigen[2]. Da konnten leicht gegensätzliche Standpunkte zur Versicherungspraxis entstehen. Die Ausübung einer solchen Verwaltungspolizei hängt vielfach von der Einsicht und dem Takt der sie ausübenden Personen ab. Die ungeheure Entwicklung des deutschen Versicherungswesens nach dem Erlaß des Aufsichtsgesetzes und seine Bewährung in Kriegs- und Inflationszeiten haben diesen gewerbepolizeilichen Charakter der Aufsicht ganz von selbst immer mehr in eine die Interessen der Gesamtheit des Volkes wahrende Wirtschaftsförderung verändert. Die Beaufsichtigung der einzelnen Betriebe war nur ein Teil der Tätigkeit des Reichsaufsichtsamtes, die sich durch eine starke und steigende Förderung der Belange der Versicherungsnehmer auszeichnete. Es zeigte sich dabei, daß „jede mit der Verwaltungsführung betraute Persönlichkeit unter der Voraussetzung, daß sie sich bewußt bleibt, daß sich ihre Verwaltungstätigkeit am Verwaltungs-

[1] Denn „die Gliedschaft an der Gesamtaufgabe der Wirtschaft überträgt deren Charakter auf die Aufgabe jedes einzelnen Betriebes.“ NICKLISCH: Betriebswirtschaft S. 234.

[2] Stenogr. Berichte des Reichstages S. 169.

zweck orientiert und aus ihm erst ihren Sinn erhält[1]", genau so wie die Wirtschaft selbst Gemeinschaftsaufgaben erfüllt[2]. Dazu braucht sie die fachlichen Kenntnisse, die ihr die Beschäftigung mit der Praxis vermittelt. Sie wird damit aber von selbst zu einem Helfer der Wirtschaft.

Nachdem die Organisation der gewerblichen Wirtschaft als Befehlsdurchgabe für die Richtlinien der Reichsführung zu gelten hat und neuerdings noch durch einen Reichsversicherungsausschuß einer unmittelbaren Beeinflussung durch die Reichsleitung unterliegt, ergänzt die Verwaltungsaufsicht des Reiches diese selbsttätig wirkende Anpassung der praktischen Handhabung durch die Beobachtung der gesetzlich vorgeschriebenen Ordnung und durch die Überwachung der dauernden Erfüllbarkeit der von den Versicherungsunternehmungen eingegangenen Schutzverpflichtungen zum Wohl der Versicherungsnehmer, die keine eigene Vertretung ihrer Belange besitzen. Reichsaufsichtsamt und Reichsgruppe ressortieren gleichmäßig am Reichswirtschaftsministerium. Da das Reichsaufsichtsamt sich in allen grundsätzlichen fachlichen, wirtschaftlichen, wirtschaftspolitischen und wirtschaftsorganisatorischen Fragen durch den Reichsversicherungsausschuß beraten lassen und der Präsident des Reichsaufsichtsamtes die Einberufung des Ausschusses jederzeit verlangen kann, so ist die Einheit der Wirtschaftsführung sichergestellt, wenn hier Reichsgruppe und Reichsaufsichtsbehörde Hand in Hand arbeiten. Die Errichtung des Reichsversicherungsausschusses und die dazu ergangene Anordnung des Reichswirtschaftsministers[3] beseitigt die bisherige Lücke, daß das Reichsaufsichtsamt für Privatversicherung dem Reichswirtschaftsminister zwar disziplinar unterstand, in seinen sachlichen Entscheidungen aber seiner Beeinflussung nicht unterlag und im Rahmen des Aufsichtsgesetzes und seiner Verwaltungsgerichtsbarkeit daher völlig frei war. Eine grundsätzliche Verschiedenheit in der Richtung der Wirtschaftsführung, wie sie früher bestehen konnte und wie sie nach eingangs wiedergegebenen Wünschen einzelner Praktiker durch die Wissenschaft beseitigt werden sollte, ist also heute nicht mehr wahrscheinlich.

In der Sozialversicherung sorgt eine sehr elastische Gesetzgebung für eine ständige Anpassung der Vorschriften an die Bedürfnisse der Wirtschaft und die Verwaltungseinrichtungen der Versicherungsträger.

In diesem Zusammenhang mag übrigens ausdrücklich darauf hingewiesen werden, daß der Begriff „Versicherungswirtschaft" nicht identisch ist mit „Privatversicherungswirtschaft", sondern, daß sie Privat- und Reichs(Sozial)-versicherung gleichmäßig umfaßt. Wenn auch die Sozialversicherungsträger sowohl der Organisation der gewerb-

[1] Koellreuter, Deutsches Verwaltungsrecht 2. Aufl. S. 2.
[2] Koellreuter, S. 7.
[3] Vom 29. 12. 39 Reichsanzeiger Nr. 305 vom 30. 12. 39.

lichen Wirtschaft als auch der Aufsicht des Reichsaufsichtsamtes fernstehen und ihren eigenen organisatorischen Aufbau und ihre besondere Verwaltungsaufsicht besitzen, so ändert das nichts an ihrem Charakter als Versicherungseinrichtungen. Die Sozialversicherung ist der veränderten Stellung der Sozialpolitik entsprechend allerdings nicht mehr eine Versicherung für bestimmte Klassen von Arbeitern und Angestellten. Sie ist durch das Zugeständnis der Rentenversicherungsberechtigung für nicht versicherungspflichtige Personen bis zum 40. Lebensjahr, durch die Hereinbeziehung neuerdings der Handwerker u. a. zu einer Versicherungseinrichtung des ganzen Volkes geworden und die heutige Wirtschaftsordnung wird die Wertung der Privat- und Reichs(Sozial)-versicherung allein nach der Leistungsfähigkeit vornehmen. Wollte die Versicherungswissenschaft sich der Erforschung dieser Sozialversicherungseinrichtungen nicht in gleicher Weise annehmen wie derjenigen der Privatversicherung, so würde sie keine Erkenntnis des Wahren bieten können. Dem ist schon der Deutsche Verein für Versicherungswissenschaft 1900 gerecht geworden, als er von vornherein die Sozialversicherung als gleichberechtigten Faktor der wissenschaftlichen Untersuchung neben der Privatversicherung satzungsgemäß anerkannte. Das Zusammenarbeiten zwischen Privat- und Sozialversicherung hat sich dabei als sehr förderlich erwiesen. Übrigens ist es eine schon von Moldenhauer herrührende Überlieferung, daß gerade der Kölner Lehrstuhl für Versicherungswissenschaft der Sozialversicherung eine hervorragende Stellung in der wissenschaftlichen Arbeit einräumt.

Nicht unerwähnt darf ich schließlich lassen, daß die Versicherungswirtschaft von der Versicherungswissenschaft auch eine sorgfältige Verfolgung des ausländischen Schrifttums und der Errungenschaften des Versicherungsschutzes in anderen Ländern erwarten darf, auch wenn die Auffassung dieser Länder zu der Stellung und Aufgabe der Versicherung von der deutschen Auffassung grundsätzlich abweicht und die Grundsätze der deutschen Wirtschaftsordnung keineswegs alle Versicherungsversuche anderer Länder in Deutschland gestatten würden. Jedoch schon die Sammlung des tatsächlichen Stoffes ist von großer Wichtigkeit. Bestehen nach dieser Richtung z. Zt. auch Schwierigkeiten, so kann die künftige weltwirtschaftliche Stellung Deutschlands sehr schnell eine genaue Kenntnis der Versicherungsbedürfnisse im Weltverkehr erfordern. Vor allem für die Seeversicherung ergeben sich, nachdem die Vorherrschaft des englischen Marktes gebrochen sein wird, Ausdehnungsmöglichkeiten für die deutsche Versicherungswirtschaft von noch nicht zu übersehendem Ausmaße. Die verkehrswirtschaftliche Lage Kölns ist für eine Stärkung der wissenschaftlichen Beziehungen zu anderen Ländern durchaus günstig, zumal gewisse Anknüpfungspunkte hier bereits vorhanden sind. Für das Schrifttum der zurückliegenden Zeit wird die wertvolle Bücherei des Deutschen Vereins für Versicherungswissenschaft den nötigen Rückhalt bieten müssen. Es ist aber zu hoffen, daß im Austausch mit den vom Kölner Institut für Versicherungswissenschaft herauszugebenden Veröffentlichungen viele ausländische neuzeitliche Arbeiten erworben werden können und daß sich nach dem Kriege die Anschaffung ausländischen Fachschrifttums an sich wieder leichter gestalten wird.

Zusammenfassend ist zu dem Verhältnis zwischen Versicherungspraxis und Versicherungswissenschaft zu sagen: Die Geschichte des Versicherungswesens zeigt, daß zuerst die Tat war und die Versicherungspraxis Jahrhunderte lang jeder wissenschaftlichen Erkenntnis ermangelte. Das besagt, daß das praktische Leben sich selbst zu helfen weiß, wenn es sich darum handelt, offensichtlichen wirtschaftlichen Bedürfnissen zu entsprechen. Aber als es dann der Praxis darum ging, dem einmal aufgenommenen Versicherungsschutz eine Verbreitung auf die große Masse des Volkes zu geben, hat sie sich nach der Wissenschaft umgesehen und sich gern für ihre Versicherungstechnik ihrer Grundlagen bedient. Das ist ein Zeichen dafür, daß auch das verantwortungsfreudigste Unternehmertum für seine Betätigung Grenzen findet, die mit Hilfe der Wissenschaft überwunden werden können. Dabei kommt es nicht sowohl darauf an, daß die Wissenschaft der Praxis Rezepte gibt und geben kann, sondern daß sie hilft, die gedanklichen Grundlagen der Unternehmung zu erweitern. Was die Geschichte des Versicherungswesens für technische Fragen erwiesen hat, gilt heute auch für wirtschaftliche. Versicherungspraxis und Versicherungswissenschaft können sich gegenseitig ergänzen und durch einträchtiges Zusammenarbeiten[1] aus der Versicherung die höchsten wirtschaftlichen Leistungen für die Gemeinschaft herausholen[2].

So hat die Errichtung des Instituts für Versicherungswissenschaft der Universität Köln der Bedeutung der Versicherungswissenschaft als Hilfswissenschaft der Wirtschaftswissenschaft Rechnung getragen. In enger Verbindung mit der Versicherungswirtschaft wird hier die Wissenschaft durch Forschung und Lehre die Gemeinschaftsaufgabe der Versicherung fördern können. Bei dieser Arbeit mögen uns auch die Worte

---

[1] S. Kisch, Vers.Wissenschaft und Vers.Praxis in H. 34 d. Veröffentlichungen d. dt. Vereins f. Vers.Wissenschaft S. 41 und Prölss, Zeitschrift f. d. ges. Vers.-Wissenschaft Bd. 39 S. 83.

[2] S. auch Jannot, Veröffentlichungen des Berliner Hochschulinstituts f. Versicherungswissenschaft H. 3 S. 43 und dazu ebenda S. 44 Granzow, der mit Recht auch ein weiteres Zusammenarbeiten von Versicherungsrechtsprechung und Versicherungsgesetzgebung fordert.

Friedrichs des Großen leiten, die sich in seinem politischen Testament von 1768 bezüglich der inneren Politik finden:

„In einem gut regierten Lande muß alles zusammenstimmen und die verschiedenen Regierungszweige müssen zu völliger Einheit verknüpft sein: das nennt man System. Das System soll kein Werk der Übereilung und des Leichtsinns sein, sondern die Frucht reifen Nachdenkens, großer Geschäftskenntnis, kluger Voraussicht, Berechnung und vollkommener Weisheit. Wenn man sich mit diesen Dingen befaßt, muß man ein Idealbild der Vollendung vor Augen haben, und möglichst wenig davon abweichen, vielmehr ihm so nahe kommen, als es uns gegeben ist."

Das Reichsaufsichtsamt für Privatversicherung und sein Verfahren in rechtspolitischer Betrachtung

von

Dr. jur. Werner Weber

Ordentl. Professor des öffentl. Rechts an der Wirtschafts-Hochschule Berlin.

I.

Das Reichsaufsichtsamt für Privatversicherung war und ist eine Einrichtung von bemerkenswerter Eigenart. Bei seiner Gründung im Jahre 1901 erregte es Aufsehen durch die Neuartigkeit und Kühnheit der Pläne staatlicher Wirtschaftsaufsicht, deren Durchführung ihm übertragen wurde. Heute verdient es Aufmerksamkeit wegen der organisatorischen Eigentümlichkeiten, die es aus der Vergangenheit in eine veränderte Gegenwart hinein bewahrt hat. Mit beispielhafter Deutlichkeit prägen sich die kritisch gewordenen Punkte seiner Organisation und seines Verfahrens in der Regelung aus, die für die Anfechtung und Nachprüfung seiner Aufsichtsmaßnahmen getroffen ist.

Nach § 97 VAG. sind die Verfügungen und Entscheidungen des Reichsaufsichtsamts grundsätzlich unanfechtbar. Hiervon ist lediglich eine sehr beschränkte Anzahl von Fällen ausgenommen. Es sind das die neun Tatbestände des § 93 Abs. 1 und die Ordnungsstrafandrohungen (§ 96), für die das VAG. entweder in zwei Rechtsstufen oder doch in einer Instanz das sogen. Senatsverfahren vorsieht. In dem Senatsverfahren betätigt sich das Aufsichtsamt nach einer gebräuchlich gewordenen Formel als Verwaltungsgericht[1]. Mit dieser Seite seines Wirkens rechnet

[1] Die Einreihung des Senatsverfahrens unter die verwaltungsgerichtlichen Verfahren erfolgte ausdrücklich in § 18 Abs. 1 der Verordnung des Reichspräsi-

man es zu den Sonderverwaltungsgerichten, die an mehreren Stellen zur Rechtswahrung in der Verwaltung des Reiches berufen sind[1].

Diese merkwürdige Regelung, die die gesamte Aufsichtstätigkeit des Amtes unvermittelt in unanfechtbare autokratische Verwaltungsverfügungen auf der einen und in eine umständliche kollegiale Willensbildung auf der andern Seite spaltet, ist nur aus den geschichtlichen Ursprüngen des Amtes verständlich. Als das Aufsichtsamt im Jahre 1901 errichtet wurde, mußte man es in ein verfassungsrechtliches Vakuum hinein konstruieren. Denn das Bismarck'sche Reich besaß keine eigentlichen Reichsverwaltungsbehörden und vor allem keine übergeordnete Ministerialinstanz, die über dem Aufsichtsamt ministerielle Befugnisse der Versicherungsaufsicht hätte ausüben können. Der Reichskanzler (Reichsamt des Innern) blieb dem Amte gegenüber zwangsläufig auf rein personalpolitische, dienstaufsichtliche und etatsrechtliche Fragen beschränkt, konnte aber die höchstinstanzliche Versicherungsaufsicht selbst nicht handhaben. Auch eine Reichsappellationsbehörde allgemeinen Charakters, ein Reichsverwaltungsgericht etwa, fehlte in dem bundesstaatlichen System des damaligen Reiches völlig. So blieb nichts anderes übrig, als das Kaiserliche Aufsichtsamt „autark" zu machen und ihm die Aufgaben der ersten und letzten Instanz gleichzeitig zu übertragen, sich selbst genügend, unumschränkt und unangreifbar.

Daher rührt der Grundsatz, daß die Aufsichtsverfügungen des Reichsaufsichtsamts grundsätzlich unanfechtbar sind. Weil aber ein solches Maß von Absolutismus für eine Reihe wichtiger Entscheidungen doch untragbar schien, unternahm man den Versuch, für sie wenigstens innerhalb des Aufsichtsamts selbst ein kollegiales Entscheidungsverfahren, eben das Senatsverfahren, aufzubauen, das eine Reihe von Rechtsgarantien bieten sollte, vor allem in der allerdings gewagten Konstruktion eines zweistufigen Instanzenzuges innerhalb derselben Behörde.

---

denten über das Reichsaufsichtsamt für Privatversicherung vom 27. 9. 1931 (RGBl. I S. 517) und in der Verordnung über die Vereinfachung des Verfahrens der Verwaltungsgerichte im Geschäftsbereich des Reichswirtschaftsministeriums vom 14. 12. 1939 (RGBl. I S. 2433). Soweit aber das Senatsverfahren bloß in kollegialer Form erstinstanzliche Aufsichtsentschließungen des Amtes herbeiführt, kann man es nur unter Vorbehalten zur Verwaltungsgerichtsbarkeit rechnen.

[1] Neben ihm gibt es als höchste Sonderverwaltungsgerichte des Reichs (teilweise auch mit verwaltungsgerichtlichem Unterbau) vor allem folgende Behörden: Reichswirtschaftsgericht, Reichsfinanzhof, Reichsversicherungsamt, Reichsoberseeamt, Reichspatentamt (Nichtigkeitssenate und Beschwerdesenate), Reichsversorgungsgericht, Reichsfürsorge- und -versorgungsgericht, Reichsdienststrafhof, Entschädigungsgericht beim preuß. OVG. Die ständischen Gerichtsbarkeiten sind dabei außer Betracht gelassen.

Nun hat sich seither die Organisation des Reichs in der Umgebung des Aufsichtsamts grundlegend verändert. Die Isolierung, die dem Aufsichtsamt in dem bundesstaatlichen System des Zweiten Reiches aufgezwungen war, hat ihren Sinn verloren. Dem Amt ist jetzt im Reichswirtschaftsministerium ein regelrechtes Fachressort vorgeordnet, das wie auf allen anderen Gebieten seines Aufgabenbereichs auch in der Versicherungsaufsicht als höchste leitende und überwachende Instanz tätig werden kann; es ist inzwischen schon tief in die Verpflichtung hineingewachsen, seine Gesamtverantwortung für das deutsche Wirtschaftsleben auch auf die Versicherungswirtschaft zu erstrecken. Außerdem besitzen wir heute eine weit entwickelte Verwaltungsgerichtsbarkeit des Reichs, die in die Versicherungsaufsicht eingeschaltet werden kann. Zwar ist das in Aussicht genommene Reichsverwaltungsgericht selbst noch nicht errichtet, aber es besitzt schon einige Vorläufer, und auf wichtigen Gebieten haben ihm unmittelbar zugedachte Aufgaben bereits kommissarisch beim Preußischen Oberverwaltungsgericht und beim Reichswirtschaftsgericht eine Heimstätte gefunden[1]. Gerade das Reichswirtschaftsgericht, mit dessen späterem Aufgehen in dem Reichsverwaltungsgericht man rechnen kann, ist in seiner heutigen Gestalt in hohem Maße zur Übernahme einer verwaltungsgerichtlichen Tätigkeit in Versicherungsaufsichtssachen geeignet[2]. Das frühere Vakuum im Umkreis des Aufsichtsamts hat sich jedenfalls inzwischen mit verwandten Fachbehörden angefüllt, zu denen es, unter Sprengung seiner bisherigen Zwangsisolierung, in die natürliche Beziehung gebracht werden kann.

Es kommt hinzu, daß die Aufsichtstätigkeit des Amtes seit den liberalen Zeiten seiner Gründung außerordentlich erweitert und ver-

[1] Von den schon gesetzlich festliegenden Zuständigkeiten des Reichsverwaltungsgerichts sind übertragen:

a) dem preuß. OVG. die Funktionen beim Reichsdienststrafhof (§ 114 RDStO. nebst DurchfV. v. 29. 6. 1937, RGBl. I S. 690), die Aufgaben nach § 27 Abs. 3 des Reichsleistungsgesetzes v. 1. 9. 1939 (RGBl. I S. 1645) gemäß § 7 der VO. v. 23. 10. 1939 (RGBl. I S. 2075) und die Aufgaben nach § 15 Abs. 2, § 25 der Sachschädenfeststellungsverordnung v. 8. 9. 1939 (RGBl. I S. 1754);

b) dem Reichswirtschaftsgericht die Entscheidungen nach § 21 Abs. 2 des Wohnungsgemeinnützigkeitsgesetzes v. 29. 2. 1940 (RGBl. I S. 438), nach §§ 10, 12, 13 und 15 der Dritten Verordnung über den vorläufigen Aufbau des deutschen Handwerks v. 18. 1. 1935 (RGBl. I S. 15) und nach § 3 der 1. DurchfV. zum Gesetz über die Erhebung der Beiträge zu den Industrie- und Handelskammern v. 8. 9. 1939 (RGBl. I S. 1738).

[2] Vgl. hierzu die Darstellung von Joachim Jahn, Das Reichswirtschaftsgericht (Dissertation der Wirtschafts-Hochschule Berlin 1940). Auch kann ich hier auf meine Ausführungen über „Entscheidungen des Reichswirtschaftsgerichts" (ZAkDR. 1940 S. 388) verweisen, in denen ich versucht habe, die im letzten Jahrzehnt vollzogene Umbildung des Reichswirtschaftsgerichts zu einem höchsten Sonderverwaltungsgericht des Reiches deutlich zu machen.

stärkt worden ist. Viele Aufsichtsmaßnahmen sind neu entwickelt worden, und manche von denen, die früher für die Versicherungswirtschaft nicht allzu wichtig erschienen, haben sich heute für die betroffenen Unternehmen und für die Versicherungswirtschaft überhaupt zu größter Bedeutung gesteigert. Dies hängt damit zusammen, daß die Tätigkeit des Aufsichtsamts weithin den Rahmen der traditionellen, gewerbepolizeilich begrenzten Versicherungsaufsicht überschritten hat, um zu versicherungswirtschaftspolitischen Zielsetzungen und wirtschaftsgestaltender Aktivität vorzudringen. Gleichwohl gilt noch immer der Satz, daß die Maßnahmen des Amtes grundsätzlich unanfechtbar sind, daß sie also ohne Appellationsmöglichkeit hingenommen werden müssen, wenn man von der in ihrem Wirkungsgrade gering einzuschätzenden Dienstaufsichtsbeschwerde an das Reichswirtschaftsministerium absieht. Noch immer ist für die am Leben der Versicherungswirtschaft Beteiligten die Versicherungswirtschaftspolitik des Aufsichtsamts von der wirtschaftspolitischen Gesamtführungsverantwortung des Reichswirtschaftsministeriums nahezu abgeriegelt.

Soviel im voraus zur allgemeinen Beleuchtung der These, daß die gegenwärtige organisatorische Ausgestaltung des Aufsichtsamts weitgehend in ihren historischen Bedingungen erstarrt ist und daß die Veränderung der Grundlagen eine Reform mit neuen konstruktiven Plänen erforderlich macht.

II.

Geht man den Zusammenhängen im einzelnen nach, so verdient zunächst das Senatsverfahren des Amtes Aufmerksamkeit. Bei den ihm zugewiesenen Angelegenheiten erfolgt die Entscheidung eigenartigerweise durch ein besonderes, innerhalb des Aufsichtsamts gebildetes Kollegium, nicht durch den Präsidenten oder die ihm beigegebenen Beamten in eigener Verantwortung. Dieses Kollegium genießt richterliche Unabhängigkeit, d. h. es ist von Weisungen für seine Spruchtätigkeit freigestellt. Es beobachtet dabei ein Verfahren, das mit Anhörung der Beteiligten, mündlicher und z. T. öffentlicher Verhandlung und mit sonstigen Entlehnungen aus dem Zivilprozeß eine möglichst ausgewogene und überlegte Entscheidung gewährleisten will. Hiermit verbindet sich der Versuch, innerhalb des Aufsichtsamts durch Übereinanderschalten zweier Arten von Senaten einen Instanzenzug zu konstruieren.

Ebenso wie die grundsätzliche Unterscheidung in unanfechtbare Verfügungen des Aufsichtsamts und in Senatssachen hat sich auch das Senatsverfahren selbst vier Jahrzehnte hindurch ohne wesentliche Änderungen erhalten. In den Novellen vom 19. 7. 1923 (RGBl. I S. 684) und 30. 3. 1931 (RGBl. I S. 102) gewann die Zuständigkeit der Senate an Umfang, das Verfahren als solches wurde mit der Neufassung der

Verordnung über das Aufsichtsamt vom 27. 9. 1931 (RGBl. I S. 517) durch einige Modernisierungen auf den heutigen Stand gebracht. Einschneidende Änderungen hat allein das Gesetz vom 5. 3. 1937 (RGBl. I S. 269) vorgenommen. Sie verfolgen im ganzen die Tendenz, die Verwaltungsgerichtsbarkeit des Aufsichtsamts einzuschränken. Das geschah einmal dadurch, daß der Zuständigkeitskatalog für das Senatsverfahren wiederum von 12 Fällen auf 9 verringert wurde[1]; zum anderen wurde für einige Fälle dem Senatsverfahren eine fakultative Verfügungsentscheidung vorgeschaltet und dafür das Senatsverfahren in diesen Fällen auf eine Instanz beschränkt.

Das Bild der gegenwärtig geltenden Regelung weist wie vor 40 Jahren zwei Arten von Senaten, die einfachen Senate und den Berufungssenat aus. Beide sind mit einem Vorsitzenden, zwei weiteren Mitgliedern des Aufsichtsamts und zwei Mitgliedern des Versicherungsbeirats besetzt. In dem Berufungssenat treten zu diesem Kollegium noch ein Richter aus der Justiz und ein Mitglied eines höchsten Landesverwaltungsgerichts, also zwei Externe sozusagen, hinzu.

Das normale Senatsverfahren läßt die einfachen Senate in erster Instanz und darüber den Berufungssenat tätig werden. Es ist zuständig für die in dem Katalog des § 93 Abs. 1 VAG. aufgeführten Angelegenheiten, also für die Entscheidung darüber,

1. ob ein Unternehmen überhaupt der Aufsicht unterliegt,
2. ob dem Antrag auf Erlaubnis des Geschäftsbetriebs einer Versicherungsunternehmung stattgegeben werden soll,
3. ob eine Bestandsveränderung zu genehmigen ist,
4. ob die Auflösung eines Versicherungsvereins a. G. zu genehmigen ist,
5. ob die Fortsetzung einer Beteiligung zu untersagen ist,
6. ob ein Geschäftsbetrieb wegen Pflichtverletzung oder anderer Mißstände zu untersagen ist,
7. ob die Konkurseröffnung zu beantragen ist,
8. ob eine Herabsetzung der Verpflichtungen einer Lebensversicherungsunternehmung aus ihren Versicherungen dem Vermögensstand entsprechend zu veranlassen ist.

Schließlich sind

[1] Dabei wurde dem Senatsverfahren entzogen die Genehmigung einer Änderung des Geschäftsplans gemäß § 13 VAG., die Anerkennung eines Vereins als eines kleineren gemäß § 53 und die Entscheidung über Anordnungen nach § 81 Abs. 2, soweit damit eine Strafandrohung verbunden war. Stattdessen kann allerdings jetzt nach § 96 VAG. gegen jede Strafandrohung Beschwerde an den einfachen Senat eingelegt werden. Ferner wurden die Zuständigkeiten der Senate im Rahmen der Maßnahmen nach den §§ 82, 89 VAG. verringert. Dazu ausführlich Gerhard Erich Fromm, Versicherungs- und Bausparkassenaufsichtsgesetz, München und Berlin 1938 S. 305 ff.

9. auch alle diejenigen Angelegenheiten im Senatsverfahren zu entscheiden, die der Präsident des Aufsichtsamts diesem Verfahren zuweist.

Man erkennt sofort, daß es sich bei diesen Senatssachen um Angelegenheiten der Versicherungsaufsicht handelt, die für die Versicherungswirtschaft existentiell wichtig sind. Freilich bestehen gegenüber dem normalen Senatsverfahren noch einige praktisch sehr bedeutsame Abweichungen. Nach § 93 Abs. 6 VAG. kann nämlich der Präsident des Aufsichtsamts einen Antrag auf Erlaubnis des Geschäftsbetriebs oder auf Genehmigung einer Änderung des Geschäftsplanes oder des Versicherungsbestandes, den er für nicht gerechtfertigt hält, durch einfachen Vorbescheid ablehnen. Das ist eine vernünftige Vereinfachung. Sie verkürzt auch keineswegs die Belange des Betroffenen, weil dieser binnen zwei Wochen gegen den Vorbescheid die Entscheidung des Senats beantragen kann. Auf eine ähnliche Vereinfachung zielt der durch die Novelle von 1937 eingeschobene § 95 a ab. Er bestimmt, daß das Aufsichtsamt auch durch Verfügung entscheiden kann, wenn die Entscheidung einen kleineren Verein betrifft, und sonst, wenn in den Fragen, ob ein Unternehmen der Aufsicht unterliegt, ob ein Geschäftsbetrieb zu erlauben oder eine Bestandsveränderung oder die Auflösung eines Versicherungsvereins a. G. zu genehmigen ist, den gestellten Anträgen stattgegeben werden soll. Ist auf diese Weise durch Verfügung entschieden, so gibt es dagegen die Beschwerde an den einfachen Senat, der dann endgültig entscheidet.

Als Beschwerdeinstanz kann der einfache Senat ferner gegen die Androhung einer Ordnungsstrafe durch das Aufsichtsamt angerufen werden (§ 96).

Gegen die Entscheidungen der einfachen Senate, die nicht als Beschwerdeentscheidungen ergehen, ist die Berufung an den Berufungssenat möglich, dessen Spruch dann endgültig ist. Seit dem Kriegsvereinfachungserlaß des Führers und Reichskanzlers vom 28. 8. 1939 (RGBl. I S. 1535) ist die Berufung allerdings nur noch gegeben, wenn der erkennende einfache Senat sie im Hinblick auf die grundsätzliche Bedeutung oder die besonderen Umstände des Einzelfalles ausdrücklich für zulässig erklärt (Ziff. IV Abs. 3)[1].

[1] Hierzu bestimmt § 2 der VO. über die Vereinfachung des Verfahrens der Verwaltungsgerichte im Geschäftsbereich des Reichswirtschaftsministeriums v. 14. 12. 1939 (RGBl. I S. 2433), daß ein Einzelfall insbesondere dann grundsätzliche Bedeutung hat, wenn die angefochtene Entscheidung (des einfachen Senats) von der ständigen Rechtsprechung der Berufungssenate abweicht. Wird die Abweichung binnen Monatsfrist nachgewiesen, so kann die Berufung auch noch nachträglich zugelassen werden. Bedeutung hat daneben auch der allerdings für die allgemeinen Verwaltungsgerichte ergangene Runderlaß des Reichsministers des Innern v. 11. 11. 1939 (RMBliV. S. 2263), wo die Zulassung des Verwaltungs-

Das Gesamtbild der Tätigkeit des Aufsichtsamts weist also folgende Gruppen von Fällen aus:

1. Aufsichtsverfügungen in weit überwiegender Zahl und der verschiedensten Art, die unanfechtbar sind (§ 97);
2. Ordnungsstrafandrohungen, gegen die es Beschwerde an den einfachen Senat gibt (§ 96);
3. Entscheidungen in den 9 Fällen des § 93 Abs. 1, die grundsätzlich anfechtbar sind. Sie wiederum teilen sich in
   a) Verfügungsentscheidungen in den Bagatellsachen des § 95 a mit Beschwerde an den einfachen Senat;
   b) ablehnende Vorbescheide gemäß § 93 Abs. 6 mit Antrag auf Entscheidung im normalen Senatsverfahren;
   c) unmittelbare Entscheidungen im normalen Senatsverfahren.
   In diesem (Fall b und c) werden die einfachen Senate in erster und seit dem 28. August 1939, soweit nicht die Berufung an den Berufungssenat besonders zugelassen wird, auch in einziger Instanz tätig.

Hinter dieser großartig und wohl gegliedert scheinenden Fassade verbirgt sich allerdings eine Wirklichkeit, deren Mißverhältnis zu den Konstruktionen des Gesetzes durch die Geschäftsübersichten des Reichsaufsichtsamts enthüllt wird. Im Jahre 1938, dem letzten, über das bisher die Geschäftsstatistik des Aufsichtsamts vorliegt, fanden im ganzen nur noch 6 Senatssitzungen statt, von denen 4 auf Versicherungsaufsichtssachen und 2 auf Bausparkassenangelegenheiten entfielen. In diesen Sitzungen wurden im ganzen 13 Fälle behandelt[1]. Eine Berufungssenatsverhandlung fand überhaupt nicht statt. Demgegenüber weist die Statistik für die 17 Jahre von 1920 bis 1936 (ohne Bausparkassenangelegenheiten) immerhin 362 Senatssitzungen, darunter 33 Berufungssitzungen aus, in denen 2203 Fälle behandelt wurden[2]. Danach entfallen auf den Jahresdurchschnitt dieser Zeit annähernd je 22 Sitzungen, darunter knapp 2 Berufungsverhandlungen, mit rund 130 Fällen. Das scharfe Absinken von 1937 ab fällt mit den Vereinfachungsmaßnahmen der Novelle vom 5. 3. 1937 zusammen. Es zeigt sich besonders deutlich in den Bausparkassenangelegenheiten, die das Senatsverfahren nach 1931 vorübergehend stark ausgeweitet hatten. Erstaunlich ist die geringe Durchschnittszahl der Sitzungen in Beru-

streitverfahrens wegen „grundsätzlicher Bedeutung" vor allem dann nahegelegt wird, wenn schwierige Rechtsfragen im Vordergrund stehen, und wegen „besonderer Umstände des Einzelfalls" u. a., wenn die Entscheidung für die Betroffenen von ganz besonderer wirtschaftlicher Tragweite ist.

[1] Vgl. den Geschäftsbericht des Reichsaufsichtsamts 1938, Veröffentlichungen des RAA. 1939 S. 10.

[2] Die Zahlen sind den jährlich in den Veröffentlichungen des Reichsaufsichtsamts abgedruckten Geschäftsberichten des Amtes entnommen.

fungssachen, die auch vor 1938 in einer Reihe von Jahren überhaupt nicht zustandekamen. In letzter Zeit nun ist das Senatsverfahren den zwingenden Bestimmungen des Versicherungsaufsichtsgesetzes zum Trotz sogar überhaupt stillgelegt worden.

Erst diese Feststellungen rücken die verwaltungsgerichtliche Tätigkeit des Aufsichtsamts in das rechte Licht. Während des ganzen Jahres 1938 waren es schon nicht mehr als 13 Fälle, in denen die besonderen Rechtsschutzvorkehrungen des VAG. zum Zuge gelangten, während sich das Aufsichtsamt in der gleichen Zeit in ungezählten nichtanfechtbaren Aufsichtsmaßnahmen betätigte und überdies rund 11 070 Anfragen und Beschwerden aus dem Publikum erledigte. Jetzt ist das Senatsverfahren, ohne daß eine Gesetzesänderung erfolgt wäre, sogar völlig zum Ruhen gebracht und der Grundsatz der Unanfechtbarkeit damit praktisch auf alle Maßnahmen des Aufsichtsamts ausgedehnt.

III.

Das sind offenkundige Zeichen einer schweren Krise, in der sich die Verwaltungsgerichtsbarkeit des Aufsichtsamts und seine Verfahrensweise überhaupt befinden muß. Doch liegt der Grund hierfür nicht darin, daß die Einschaltung verwaltungsgerichtlicher Entscheidungen im Versicherungsaufsichtswesen grundsätzlich nicht am Platze wäre. Die Verwaltungsgerichtsbarkeit hat auch hier und gerade hier ihre Aufgabe. Freilich ist in den letzten Jahren verschiedentlich die Berechtigung der Verwaltungsgerichtsbarkeit grundsätzlich in Zweifel gezogen und gegen sie das Bedenken laut geworden, daß sie als Erzeugnis liberaler Staatsvorstellungen mit dem nationalsozialistischen Führerstaat unvereinbar sei[1]. Gegenüber solchen Angriffen hat bereits der frühere Präsident des Aufsichtsamts WIDMANN in seinem Leipziger Vortrag vom Dezember 1937 die Verwaltungsgerichtsbarkeit des Amtes mit Nachdruck verteidigt[2]. Neben ihm sind viele andere maßgebende Männer des nationalsozialistischen Staates, darunter besonders die Reichsminister FRICK und FRANK, für die Beibehaltung der Verwaltungsgerichtsbarkeit eingetreten[3]. Vor allem aber hat der Führer als Gesetzgeber des Reichs in zahlreichen neuen Anwendungsfällen seine

---

[1] Vgl. die Schriftumsnachweisungen bei FRANZ SCHOLZ, Die Verwaltungsgerichtsbarkeit im Dritten Reich, Köln 1936 S. 10, 21 f.; ferner WALTER SOMMER, Die Verwaltungsgerichtsbarkeit, Deutsche Verwaltungsblätter 1937 S. 425.

[2] RUDOLF WIDMANN, Die Verwaltungsgerichtsbarkeit des Reichsaufsichtsamt für Privatversicherung, Heft 1 der Veröffentlichungen des Instituts für Versicherungswissenschaft an der Universität Leipzig, Leipzig 1938 S. 33 ff., 36 ff.

[3] WILHELM FRICK, Deutsche Verwaltung 1939 S. 38 f. und erneut ZAkDR. 1940 S. 343; HANS FRANK, Recht und Verwaltung, München 1939 S. 19, 31 f. Wegen der weiteren Stimmen für die Beibehaltung der Verwaltungsgerichtsbarkeit vgl. FRANZ SCHOLZ, a. a. O. S. 22 f.

Entscheidung für die Verwaltungsgerichtsbarkeit kundgetan[1]. Es ist bezeichnend, daß auch die mit dem Führererlaß vom 28. 8. 1939 (RGBl. I S. 1535) eingeleitete Kriegsverwaltungsvereinfachung zwar eine verständliche Einschränkung der Verwaltungsgerichtsbarkeit gebracht, im Endergebnis aber das Bekenntnis zu der Notwendigkeit dieser Einrichtung erneut und wirksam bekräftigt hat[2].

Die politische Entscheidung ist demnach bereits für die Beibehaltung der Verwaltungsgerichtsbarkeit im nationalsozialistischen Verwaltungsaufbau gefallen. Was seit 1933 von ihr abgebaut wurde, waren liberalistische Überspitzungen dieser Einrichtung. Daß aber die Verwaltungsgerichtsbarkeit als Ganzes ein Kind liberalistischen Zeitgeistes darstelle, läßt sich nicht wahrhalten. Man ist bei dieser Feststellung dem Irrtum erlegen, die Abirrungen und Übertreibungen für das Wesen der Sache selbst zu halten. Ungenügend fundiert ist auch die gelegentlich anzutreffende Neigung, die Verwaltungsgerichtsbarkeit deshalb mit dem liberalen Individualismus in Verbindung zu bringen, weil sie in der gleichen Zeit — den 60er u. 70er Jahren des 19. Jahrhunderts — entstand, in

[1] Seit 1933 ist das Verwaltungsstreitverfahren in folgenden Vorschriften neu eingeführt oder bestätigt worden: § 30 Abs. 1 DGO.; § 142 DBG.; §§ 90 ff. RUmlO.; §§ 133 ff. WVVO.; § 288 des Aktiengesetzes; § 16 Abs. 2, §§ 22 ff. der DurchfV. zum Gesetz über die Landbeschaffung für Zwecke der Wehrmacht v. 21. 8. 35 (RGBl. I S. 1097); §§ 11 Abs. 4, 16 Abs. 3 des Luftverkehrsgesetzes v. 21. 8. 36 (RGBl. I S. 653); § 8 des Erstattungsges. v. 18. 4. 37 (RGBl. I S. 461); §§ 166, 200 WFVG. v. 26. 8. 38 (RGBl. I S. 1077); § 6 Abs. 5 des Energiewirtschaftsges. v. 13. 12. 35 (RGBl. I S. 1451); § 11 Abs. 4 der AusfV. zum RJG. v. 27. 3. 35 (RGBl. I S. 431); § 27 Abs. 3 des Reichsleistungsgesetzes v. 1. 9. 39 (RGBl. I S. 1645); §§ 6, 12 der 1. DurchfV. zur Reichsärzteordnung v. 31. 3. 36 (RGBl. I S. 338); §§ 6, 7, 12 der 1. DurchfV. zur Reichstierärzteordnung v. 25. 7. 36 (RGBl. I S. 571); § 13 der Bestallungsordnung für Apotheker v. 8. 10. 37 (RGBl. I S. 1118); § 9 der 1. DurchfV. zum Hebammengesetz v. 3. 3. 39 (RGBl. I S. 417); § 32 Abs. 2 des Zweckverbandsgesetzes v. 7. 6. 39 (RGBl. I S. 979); § 22 Abs. 1 der Kriegssachschädenverordnung v. 30. 11. 40 (RGBl. I S. 1547); §§ 11 ff. der Personenschädenverordnung v. 10. 11. 1940 (RGBl. I S. 1482); §§ 14, 15 der Warenverkehrsverordnung v. 18. 8. 39 (RGBl. I S. 1431); §§ 10, 12, 13, 14 der 3. VO. über den vorläufigen Aufbau des deutschen Handwerks v. 18. 1. 35 (RGBl. I S. 15); § 74 Abs. 2 des Ges. über Devisenbewirtschaftung v. 12. 12. 38 (RGBl. I S. 1733); § 3 der 1. DurchfV. zum Ges. über Erhebung der Beiträge zu den Industrie- und Handelskammern v. 8. 9. 39 (RGBl. I S. 1738); § 3 der VO. v. 6. 3. 40 (RGBl. I S. 461); § 21 Abs. 2 des Wohnungsgemeinnützigkeitsgesetzes v. 29. 2. 1940 (RGBl. I S. 438). Hinzu treten die Fälle hier nicht erwähnter ständischer Verwaltungsgerichtsbarkeiten.

[2] Das wird besonders an den Durchführungsbestimmungen zu dem Führererlaß deutlich. Vgl. die VO. v. 6. 11. 39 (RGBl. I S. 2168), die VO. v. 14. 12. 39 (RGBl. I S. 2433) und die Erlasse des Reichsministers des Innern v. 11. 11. 39 (RMBliV. S. 2263) sowie 20. 6. und 1. 7. 1940 (RMBliV. S. 1194 u. 1314). Auf Grund der mit diesen Bestimmungen gemachten Erfahrungen hat Reichsinnenminister Frick noch jüngst (ZAkDR. 1940 S. 343) die Unentbehrlichkeit der Verwaltungsgerichtsbarkeit betont.

der auch der Liberalismus im Verfassungs- und Verwaltungsrecht seine unleugbaren Triumphe errang. Sie mußte sich deshalb gerade in dieser Zeit entwickeln, weil damals das moderne Verwaltungsrecht und die neue Verwaltungsorganisation überhaupt geboren wurden. Die Verwaltungsgerichtsbarkeit verdankte damals sogar zu einem guten Teile den Gegenkräften des Liberalismus ihre Entstehung. Denn den Rechtsschutz, den sie verbürgte, hatte man in der Zeit vorher, in der der Unterschied von Privatrecht und öffentlichem Recht noch nicht voll ausgebildet und der Gewaltenteilungsgrundsatz noch nicht anerkannt war, in weitem Umfange bei der Justizgerichtsbarkeit finden können. Während nun Vertreter eines extremen Liberalismus verlangten, daß man dieses System, weiter ausgebaut, auch unter der Herrschaft der neuen, liberalen Staats- und Verwaltungsordnung beibehalte, womit es den Gewaltenteilungsgrundsatz im Sinne des sogen. Justizstaatsgedankens übersteigert hätte, verdanken wir es dem Einsatz konservativer, staatsbewußter Kräfte, daß derartige Forderungen bis auf einige Reste durch die Einrichtung der Verwaltungsgerichtsbarkeit abgefangen und unschädlich gemacht wurden. Der konservative Staatsmann Bismarck war es, der nach den Vorschlägen Rudolf von Gneists den justizstaatlichen Tendenzen liberaler Herkunft mit der Entscheidung für einen Rechtsschutz durch die Verwaltungsgerichtsbarkeit entgegentrat[1].

Freilich ist es, wie schon erwähnt, unleugbar, daß die Verwaltungsgerichtsbarkeit in der Folgezeit liberalistischen Verzerrungen ausgesetzt war. Vor allem hat individualistischer Überschwang dazu geführt, daß mit Hilfe eines hypertrophen Systems subjektiv-öffentlicher Rechte des Individuums gegen den Staat auch politische Angelegenheiten der verwaltungsgerichtlichen Kontrolle unterworfen wurden, Angelegenheiten also, bei denen nicht primär die Anwendung und Wahrung des Rechts nach Maßgabe fester Ordnungsvorstellungen zur Erörterung steht, sondern die Hoheit des Staates zur Geltung gebracht und die öffentliche Ordnung durch das Wagnis der schöpferischen Tat verantwortlicher Männer in Regierung und Verwaltung geformt wird. Die deutsche Verwaltungsgerichtsbarkeit ist seit 1933 durch energisches Zupacken von solchen Abirrungen befreit worden[2]. Sie befindet sich jetzt in einem Zustande, der eine weitere Reinigung kaum erheischen dürfte. Für

[1] Zu diesen Fragen der Entstehungsgeschichte vgl. FRANZ SCHOLZ, Die Verwaltungsgerichtsbarkeit im Dritten Reich, Köln 1936 S. 11 ff.; JUSTUS DANCKWERTS, Die Verwaltungsgerichtsbarkeit im nationalsozialistischen Staate, in HANS FRANK, Deutsches Verwaltungsrecht, München 1937 S. 99 ff.; CHRISTOPH WOLFGANG NAGLER, Die Verwaltungsgerichtsbarkeit im nationalsozialistischen Rechtsaufbau (Breslauer Diss. 1937).

[2] Bedeutsam ist hier vor allem die Beseitigung der Verwaltungsgerichtsbarkeit in Sachen der Kommunalaufsicht und der Schulaufsicht durch § 11 des preuß. Anpassungsges. v. 15. 12. 1933 (GS. S. 479), sowie in Angelegenheiten der poli-

die Verwaltungsgerichtsbarkeit des Aufsichtsamts insbesondere hat bereits WIDMANN in dem erwähnten Vortrag festgestellt, daß es sich bei dem Senatsverfahren niemals darum gehandelt hat und nach der ganzen Struktur des Verfahrens auch nicht handeln konnte, für Individualinteressen ein Angriffs- oder Verteidigungsmittel gegen die hoheitlichen Maßnahmen der staatlichen Wirtschaftsführung bereitzustellen. Vielmehr sei der Gedanke herrschend gewesen, die weittragenden und eminent gemeinschaftswichtigen Aufsichtsentscheidungen des Amtes mit allen Prädikaten einer wohlausgewogenen und daraus ihre Autorität beziehenden Maßnahme der Rechtswahrung auf dem Gebiete der staatlichen Wirtschaftshoheit auszustatten[1].

Wie hoch die Vorzüge der Verwaltungsgerichtsbarkeit einzuschätzen sind, erhellt schon aus der reichen Zahl der Fälle, in denen der nationalsozialistische Gesetzgeber diese Einrichtung für die Verwaltungsführung nutzbar gemacht hat[2]. Ohne das Wesen der hoheitlichen Verwaltung zu verfälschen, ermöglicht sie überall dort eine unbefangene und wirksame Überprüfung von Verwaltungsmaßnahmen, wo unsere Vorstellungen eines gerechten und gewissenhaft abgewogenen Vorgehens die Anrufung einer über der Situation stehenden Instanz erheischen. Bei der Durchführung des Kriegsvereinfachungserlasses des Führers vom 28. 8. 1939 hat sich sogar gezeigt, daß sie für die Nachprüfung der Verwaltungstätigkeit hoher Staatsbehörden, über denen nur noch die Ministerialinstanz steht, wegen der Notwendigkeit einer sinnvollen Dezentralisation ganz unersetzlich ist[3]. Freilich darf man den Zugang zu ihr nur für solche Verwaltungsmaßnahmen öffnen, bei denen die Aufgabe der Rechtswahrung überwiegt und nicht etwa die in ihnen enthaltenen Elemente politisch-wagnishaften Gestaltens die Grenzen verwaltungsrichterlichen Entscheidens und Überprüfens sprengen. Außerdem muß man die Auswahl dahin treffen, daß nur wichtige, für die Allgemeinheit oder den im Einzelfall Betroffenen grundsätzlich bedeutsame Angelegenheiten in die verwaltungsrichterliche Entscheidungszuständigkeit gelangen. Werden aber diese Grenzen eingehalten, so entfaltet die Judikatur gerade höchster Verwaltungsgerichte eine außer-

---

tischen Polizei durch § 7 des preuß. Gesetzes über die Geheime Staatspolizei v. 10. 2. 1936 (GS. S. 21).

[1] RUDOLF WIDMANN, Die Verwaltungsgerichtsbarkeit des Reichsaufsichtsamts für Privatversicherung, Heft 1 der Veröffentl. d. Inst. f. Versicherungswiss. a. d. Univ. Leipzig. Leipzig 1938 S. 36 ff., 42 f.

[2] Siehe die oben S. 68 Anm. 1 gegebene Übersicht.

[3] Diese Erkenntnis prägt sich darin aus, daß man nachträglich in den Verordnungen v. 6. 11. 1939 (RGBl. I S. 2168) und 14. 12. 1939 (RGBl. I S. 2433) überall dort das Verwaltungsstreitverfahren wiederhergestellt hat, wo sonst die Verwaltungsbeschwerde die Entscheidung einer Obersten Reichsbehörde notwendig machen würde.

ordentlich wirksame ordnungstiftende und ordnungwahrende Rolle. Daß die sinnvolle Aus- und Weiterbildung des Rechts ohne die Spruchtätigkeit höchster Gerichte undenkbar erscheint, ist von den Gebieten des Zivilrechts und des Strafrechts her jedem geläufig. Die Lage ist aber für das Verwaltungsrecht eine durchaus entsprechende. Auch hier erweist die autoritative richterliche Präjudizienpraxis ihren unersetzlichen Wert nicht nur für die Darstellung eines zuverlässigen Rechtsschutzes, sondern ebenso dafür, daß eine lebensnahe und den Erfordernissen der Zeit elastisch folgende, dabei aber berechenbar feste und kontinuierliche Rechtsanwendung und Rechtsentwicklung gewährleistet bleibt. Die historischen Verdienste etwa des Preußischen Oberverwaltungsgerichts für die Gestaltung einer guten und einheitlichen Ordnung des deutschen Verwaltungsrechts, des Reichsfinanzhofs für das Werden des Reichssteuerrechts, des Reichswirtschaftsgerichts für die Ordnung des Kartellwesens belegen diese Feststellung eindrucksvoll.

Alle erwähnten Vorzüge gelangen bei den Versicherungsaufsichtssachen, die traditionell dem Senatsverfahren vorbehalten sind, in hohem Maße zur Geltung. Es handelt sich hier ausnahmslos um Angelegenheiten, bei denen die Elemente politischer Wirtschaftsgestaltung gegenüber der Aufgabe rechtswahrenden Ordnunghaltens zurücktreten. In allen Fällen auch stehen existentielle Interessen der Betroffenen auf dem Spiele, die eine verwaltungsrichterliche Überprüfung als unverzichtbar erscheinen lassen. Vor allem fällt als besondere Eigentümlichkeit ins Gewicht, daß mit dem Schicksal der unmittelbar betroffenen Unternehmung jeweils die Rechts- und Interessenlage ungezählter versicherter Volksgenossen verknüpft ist und sich von hier aus das Bedürfnis nach Gewährleistung wohlabgewogener, stetiger Entscheidungen aus höchster richterlicher Autorität verstärkt. Bekanntlich schließt die Handhabung der Versicherungsaufsicht vor allem auf dem Wege über die Kontrolle des Geschäftsplans und der Versicherungsbedingungen die Möglichkeit in sich, die gesamte Ordnung des Versicherungswesens beherrschend zu beeinflussen. Gerade dadurch ist einer echten Verwaltungsgerichtsbarkeit mit ihrer geschilderten ordnungwahrenden Funktion in Versicherungsaufsichtssachen eine überragende Bedeutung gesichert.

Man wende nicht ein, daß ja auch die ähnlich geartete Tätigkeit des Reichsaufsichtsamts für das Kreditwesen eines verwaltungsgerichtlichen Verfahrens entrate. Ob nämlich nicht auch dort für einige Fragen die Einschaltung eines Verwaltungsgerichts am Platze wäre, steht noch dahin. Jedenfalls aber eignen bei mancher äußeren Übereinstimmung dem Versicherungsaufsichtsrecht doch andere Züge als der Reichsaufsicht über das Kreditwesen. Bei dieser herrschen wirtschaftspolitische Zielsetzungen vor, während die Versicherungsaufsicht einen ausgeprägten rechtswahrenden Charakter trägt. Es fehlen ihr vor allem die weiten Auswirkungen in das allgemeine volksgenössische Rechtsleben, die für die Versicherungsaufsicht charakteristisch sind. Infolgedessen drängt sie nicht mit gleicher Stärke zur verwaltungsrichterlichen Gestaltung hin wie die Versicherungsaufsicht.

Ein verwaltungsgerichtliches Verfahren hat also im Versicherungsaufsichtsrecht durchaus seine Berechtigung; ja es ist dort sogar unentbehrlich, wofür auch WIDMANN gute Gründe beigebracht hat[1]. Dies gilt mindestens für alle Fälle, in denen nach heutigem Recht das Senatsverfahren zulässig ist. Es könnte sogar die Frage aufgeworfen werden, ob der Katalog des § 93 Abs. 1 VAG. nicht wieder eine Erweiterung vertrüge. Denn es war z. B. unglücklich, bei der Gesetzesänderung vom 5. 3. 1937 die Ablehnung einer Geschäftsplanänderung (§ 13) von jeder Nachprüfung freizustellen. Auch in den zitierten Ausführungen von WIDMANN klingen die Bedenken hiergegen deutlich an[2]. Die Geschäftsplanänderung, gleichviel ob sie im Rahmen des § 13 VAG. von dem Versicherungsunternehmen zur Genehmigung gebracht oder im Rahmen des 1937 neu eingefügten § 81 a VAG. vom Aufsichtsamt gefordert wird, ist innerhalb des gesamten Versicherungsaufsichtswesens eine Frage von so zentraler und weitschichtiger Bedeutung, daß hier am wenigsten auf Rechtsschutzvorkehrungen verzichtet werden kann. Doch lassen sich diese, worauf später noch eingegangen werden soll, hier auch in anderer Weise zur Darstellung bringen, so daß es einer Erweiterung der schon gegenwärtig einem verwaltungsgerichtlichen Verfahren zugängigen Fälle nicht zwingend bedarf.

IV.

Hieraus die einfache Forderung nach Beibehaltung der Verwaltungsgerichtsbarkeit des Aufsichtsamts in ihrer gegenwärtigen Form herzuleiten, wäre freilich verfehlt. Denn das eigenartige, unter den Zeitverhältnissen von 1901 geschaffene System ist für eine grundlegende Neuordnung reif.

Die auffälligste und auch wiederholt bemängelte Eigentümlichkeit des Senatsverfahrens liegt wohl darin, daß seine beiden Instanzen innerhalb des Aufsichtsamts stehen und infolgedessen kaum voneinander abgehoben sind. In den Fällen, in denen nach § 93 Abs. 6 VAG. ein Vorbescheid ergeht, wird das Aufsichtsamt in derselben Sache u. U. sogar dreimal in kaum variierter Gestalt tätig, zunächst durch den Vorbescheid des Präsidenten, sodann durch den einfachen Senat und

---

[1] RUDOLF WIDMANN, Die Verwaltungsgerichtsbarkeit des Reichsaufsichtsamts für Privatversicherung, Heft 1 der Veröffentl. d. Inst. f. Versicherungswiss. a. d. Univ. Leipzig. Leipzig 1938 S. 36 ff.

[2] A. a. O. S. 38.

schließlich noch durch den Berufungssenat. Schon die Schöpfer des Versicherungsaufsichtsgesetzes empfanden die Notwendigkeit, in der amtlichen Begründung hierfür eine besondere Erklärung zu geben[1]. Sie ging dahin, daß die Einsetzung einer selbständigen geeigneten Rekursbehörde erheblichen Schwierigkeiten begegne. Hier erwies sich also das Fehlen jedes organisatorischen Ansatzpunktes in dem damaligen Reichsbehördengefüge für die Einrichtung einer echten zweiten Instanz als das entscheidende Hemmnis[2], während man beispielsweise bei dem in die Reichsjustizverwaltung eingegliederten Reichspatentamt das Reichsgericht als Berufungsgericht gegen die Entscheidungen der Nichtigkeitsabteilungen (Nichtigkeitssenate) hatte verwenden können[3]. Außerdem wies die Begründung darauf hin, daß die wichtigen letztinstanzlichen Entscheidungen zweckmäßigerweise nicht von einer nur vereinzelt und nebenberuflich mit Fragen des Versicherungswesens befaßten Stelle, sondern besser von einer Behörde gefällt würden, die über diese Fragen ständig auf dem Laufenden sei[4].

Beiden Bedenken ist heute die tatsächliche Grundlage entzogen, was noch darzutun ist. Nun hat man sich zwar bemüht, dem Berufungssenat ein etwas anderes Gepräge zu geben als den einfachen Senaten. In ihm wirken über die Besetzung des einfachen Senats hinaus noch ein Justizrichter und ein hoher Verwaltungsrichter mit, die von außen zugezogen werden (§ 94). Der eine der beiden Berichterstatter im Berufungsverfahren muß überdies aus diesen Externen gewählt werden (§ 95 Abs. 3), und außerdem darf außer dem Präsidenten des Aufsichtsamts niemand an der Entscheidung des Berufungssenats teilnehmen, der schon bei der angefochtenen Entscheidung mitgewirkt hat (§ 95 Abs. 2).

So anerkennenswert diese Bemühungen sind, den Berufungssenat von den einfachen Senaten zu distanzieren, so wenig können sie doch befriedigen. Denn die Behörde, die hier in zweierlei Gewand zur Entscheidung berufen wird, bleibt trotzdem ein und dieselbe. Gerade die

---

[1] Verhandlungen des Reichstags, 10. Legislaturperiode II. Session 1900/02, Drucksache Nr. 5, Anlagenband I (Berlin 1901) S. 200.

[2] Der Vorschlag des Verbandes Deutscher Privatfeuerversicherungsgesellschaften, als Rekursinstanz den Ausschuß des Bundesrats für Justizwesen zu betrauen, zeigt die ganze Ausweglosigkeit der damaligen Lage; er verfiel mit Recht der Ablehnung. Hierzu und zu der Entstehungsgeschichte überhaupt PAUL MOLDENHAUER, Die Aufsicht über die privaten Versicherungsunternehmungen, Leipzig 1903 S. 41 f.

[3] § 33 des Patentgesetzes v. 7. 4. 1891, jetzt §§ 41, 42 des Patentgesetzes v. 5. 5. 1936 (RGBl. II S. 117).

[4] Diesen Gesichtspunkt hat sich auch die Kommentarliteratur zu eigen gemacht und demgemäß die Einrichtung des Berufungssenats als das kleinere Übel entschuldigt (z. B. die Kommentare von HERMANN REHM, 3. Aufl. München 1911 S. 329 f.; KARL DEYBECK, Leipzig 1902 S. 132; ZEHNTER-BRANDSTÄTTER, 2. Aufl. Berlin 1920 S. 193 f.).

guten Eigenschaften, die eine Behörde wie das Aufsichtsamt auszeichnen sollen, nämlich das kollegiale Einvernehmen, das einheitliche Berufsethos, der Korpsgeist des Beamtenkörpers, das Bemühen um Einheitlichkeit in der Amtsführung vereiteln im Ernst den Versuch, innerhalb desselben, noch dazu so stark in sich geschlossenen Amtes und auf der gleichen Stufe der Beamtenhierarchie durch Kunstgriffe zwei Instanzen eines Rechtszuges mit echter und überzeugender Überlegenheit der einen über die andere zur Darstellung zu bringen. Daß die bisher geltende Regelung im Jahre 1901 schwer vermieden werden konnte, ist richtig, daß sie gleichwohl einem elementaren, natürlichen Rechts- und Ordnungsempfinden widerspricht, ist unbestreitbar. Sie heute noch beibehalten, hieße diesen Widerspruch erst recht auffällig machen.

Denn bei der heutigen Lage des Reichsaufbaus drängt sich geradezu die Lösung auf, an Stelle des umstrittenen Berufungssenats einen besonderen Senat für Versicherungsaufsichtssachen beim Reichsverwaltungsgericht und bis zu dessen endgültiger Einsetzung beim Reichswirtschaftsgericht einzurichten. Damit wäre die klare Abstufung der Instanzen erreicht, die beim Reichspatentamt schon von vornherein verwirklicht werden konnte. Auch der Kommentar von KOENIGE und PETERSEN deutete in seiner letzten Auflage (1927) bereits an, daß die Tage des Berufungssenats mit der Errichtung des Reichsverwaltungsgerichts gezählt seien[1]. Diese Zeit ist nun erfüllt, nachdem im Reichswirtschaftsgericht ein Verwaltungsgericht zur Verfügung steht, das auch in anderen Fällen wirtschaftspolitischer Art Aufgaben des künftigen Reichsverwaltungsgerichts bereits übernommen und sich an ihnen bewährt hat[2].

Die Beseitigung des Berufungssenats bedeutet im übrigen auch nach den bisherigen Erfahrungen keinerlei Verlust. Ein Gericht, das bei einer unübersehbaren Fülle an sich in Betracht kommender Aufsichtsentscheidungen im Laufe von 17 Jahren durchschnittlich nur zweimal im Jahre zusammenzutreten brauchte, hat weder für den Rechtsschutz noch für die Ausbildung einer richtungweisenden Präjudizienpraxis irgendeinen Wert. Man wird die auffallend geringe Inanspruchnahme des Berufungssenats wenigstens zum Teil daraus erklären müssen, daß er von den Betroffenen gar nicht als geeignete Appellationsinstanz empfunden und infolgedessen seine Anrufung nicht für zweckvoll gehalten wurde. Seit der Gesetzesänderung von 1937 ist er sogar gänzlich eingeschlafen, und die Hoffnung, ihn wieder zu beleben, erscheint umso weniger begründet, als der Führererlaß vom 28. 8. 1939 sein Tätigkeitsgebiet weiter beschränkt hat. Mit dem Berufungssenat würde also eine

[1] KOENIGE-PETERSEN, Privatversicherungsgesetz, 3. Aufl. Berlin und Leipzig 1927, Anm. 2 zu § 74 VAG.

[2] Siehe die Nachweisungen oben S. 62 Anm. 1 und 2.

Einrichtung verschwinden, die ohnehin seit geraumer Zeit nur noch ein Schattendasein geführt und lediglich den trügerischen Anschein erweckt hat, als ob in Versicherungsaufsichtssachen klug durchdachte, wirksame Rechtsschutzvorkehrungen zur Verfügung ständen.

Nicht wesentlich anders aber liegen heute die Dinge bei den einfachen Senaten. Schon nachdem sich die Zahl ihrer Sitzungen im Jahre 1938 auf 6 verringert hatte, in denen nur noch 13 Fälle behandelt wurden, war ihre kritische Lage offenbar geworden. Mit der neuerlichen Stilllegung der Senate ist nun in aller Form auch amtlich anerkannt, daß diese Einrichtung keine Lebenskraft mehr besitzt. Es hat auch keinen Sinn, demgegenüber wieder auf die korrekte Einhaltung der noch nicht außer Kraft gesetzten Bestimmungen des Versicherungsaufsichtsgesetzes über das Senatsverfahren zu dringen und gleichzeitig etwa den Senaten dadurch neues Leben zuzuführen, daß die Vereinfachungsbestimmungen des Änderungsgesetzes vom 5. 3. 1937 wieder rückgängig gemacht werden. Denn das Senatsverfahren als ganzes wirkt, gemessen an den modernen Vorstellungen einer schlagkräftig und verantwortungsfreudig handelnden Verwaltung, nicht mehr zeitgemäß. Wertvolle Bestandteile, wie die Anhörung der Beteiligten und gegebenenfalls mündliche Verhandlung, können auch im Verfügungsverfahren verwirklicht werden. Die Beschlußfassung über erstinstanzliche Gestaltungsmaßnahmen der Versicherungsaufsicht in einem fünfköpfigen Kollegium aber entspricht in ihrer Schwerfälligkeit und der beschaulichen Anonymität der Verantwortung nicht mehr dem Stile der Zeit. Auch die richterliche Unabhängigkeit des Kollegiums hat für solche Entscheidungen im Rahmen der Gesamtstruktur des Amtes keinen einleuchtenden Sinn; wenn sie wirklich respektiert werden soll, wirkt sie dort eher störend. Soweit anderseits die Senate über Beschwerden gegen Aufsichtsverfügungen des Amtes zu befinden haben, werden sie sich wie der Berufungssenat schwer gegen den Einwand behaupten können, daß diese Verwaltungsjustiz „in eigener Sache" nicht überzeugend sei. War die Spaltung der Aufsichtsmaßnahmen des Amtes in Verfügungssachen und Senatssachen schon von jeher problematisch, weil sie in einer Behörde, hart aneinanderstoßend, zwei ganz verschiedene Strukturprinzipien zur Geltung brachte, so ist sie es erst recht geworden, seitdem die Entwicklung die Senatsentscheidungen in eine verschwindende, bedeutungslose Minderheit abgedrängt und das Kollegialprinzip überhaupt diskreditiert hat. Innerhalb des Aufsichtsamts hat sich eben, wie auf zahlreichen anderen Gebieten der Verwaltung, das monokratische gegen das Kollegialprinzip durchgesetzt[1]. Auch in

[1] Diese Entwicklung ist in anderen Behördensystemen schon seit langem im Gange. Erwähnt sei etwa die Überführung der Aufgaben der Provinzialschulkollegien auf den Oberpräsidenten, der Regierungsabteilungen auf den Regierungs-

dieser Frage läßt sich das Rad der Geschichte nicht wieder zurückdrehen, ganz abgesehen davon, daß das Senatsverfahren schon im Jahre 1901 nur eine Verlegenheitslösung bedeutete. Im übrigen hat sich gezeigt — und das ist das Wichtigste —, daß das Aufsichtsamt auch im monokratischen Verfügungsverfahren die Mannigfaltigkeit übergreifender Gesichtspunkte zu würdigen und Einheitlichkeit und Stetigkeit seiner Aufsichtspolitik zu wahren weiß.

So sehr daher die Notwendigkeit eines verwaltungsgerichtlichen Verfahrens in Versicherungsaufsichtssachen zu bejahen ist, so wenig kann die Verwirklichung dieses Verfahrens, gleichviel ob in erster Instanz oder sogar in zwei Rechtsstufen, innerhalb des Aufsichtsamts selbst gefunden werden. Ihm kann der Platz nur in einer Beschwerdeinstanz oberhalb des Aufsichtsamts, nämlich beim Reichsverwaltungsgericht (und vorläufig beim Reichswirtschaftsgericht) angewiesen werden. Nur dort kann das verwaltungsgerichtliche Verfahren die Vorzüge entfalten, die seine Unentbehrlichkeit begründen.

Diese Überlegungen führen zu einem Teilergebnis, das in folgendem Vorschlag konkretisiert sei:

1. Die verwirrende Unterscheidung in Verfügungssachen und Senatssachen und innerhalb dieser wiederum in Vorbescheide, Verfügungsentscheidungen, Beschwerdesachen, eigentliche Senatsentscheidungen und Berufungssachen entfällt; die Senate beider Rechtsstufen werden beseitigt. Das Reichsaufsichtsamt entscheidet in allen Fällen als echte Verwaltungsbehörde im Verfügungswege.
2. Soweit bislang das Senatsverfahren in irgend einer Form Platz greifen konnte, d. h. in allen Angelegenheiten des § 93 Abs. 1 Nr. 1—8 VAG. und bei Ordnungsstrafandrohungen, findet unterschiedslos gegen die Verfügungen des Aufsichtsamts die Beschwerde an das Reichsverwaltungsgericht (Reichswirtschaftsgericht) statt.

Das Reichsaufsichtsamt würde damit die homogene Struktur einer monokratisch aufgebauten Verwaltungsbehörde gewinnen und das einfache und sachgerechte Verfügungsverfahren sich auf seine ganze Aufsichtstätigkeit ausdehnen, so daß diese tatkräftig und in ungebrochener Planmäßigkeit entfaltet werden könnte. Für alle Fälle aber, für die sich in 40jähriger Praxis das verwaltungsgerichtliche Verfahren als geeignet und unentbehrlich erwiesen hat, würde endlich — übrigens

präsidenten (§§ 3, 5 der VO. v. 3. 9. 1932 / GS. S. 283), der Kreisausschüsse auf den Landrat (VO. v. 26. 9. 1939/RGBl. I S. 1981), die Ersetzung der Magistratsverfassung durch die Bürgermeisterverfassung in den Gemeinden u. a. m. Innerhalb des Aufsichtsamts selbst sind schon seit geraumer Zeit die in den §§ 15 ff. der VO. v. 27. 9. 1931 (RGBl. I S. 517) vorgesehenen „Gesamtsitzungen" gegenstandslos geworden.

in denkbar einfacher Form — eine echte verwaltungsgerichtliche Überprüfung durch das allgemeine höchste Verwaltungsgericht des Reiches eröffnet sein.

Man kann gegen diesen Vorschlag nicht das Bedenken des Jahres 1901 erneuern, daß die Beschwerdeinstanz hier nur vereinzelt und nebenberuflich mit Fragen der Versicherungsaufsicht befaßt werden würde und infolgedessen nicht in eine umfassende und tiefgehende Beherrschung dieser Fragen hineinwachsen könne. Für einen besonderen, voll in seiner Aufgabe aufgehenden Versicherungsaufsichtssenat des Reichsverwaltungsgerichts, wenn nicht sogar für mehrere, bietet die Regelung genügende Betätigungsmöglichkeit. Der Zusammenhang mit den praktischen Erfahrungen der Versicherungsaufsicht und die Besetzung der Senate mit unbestrittenen Sachkennern dieses Gebietes lassen sich außerdem in der Weise sichern, daß die Senate in der Hauptsache aus besonders bewährten Mitgliedern des Aufsichtsamts rekrutiert werden, wodurch sich diesen übrigens eine beachtliche Aufstiegsmöglichkeit eröffnet, die ihnen bislang fehlt[1]. Der weiteren Zuziehung von Beisitzern aus der Versicherungswirtschaft bieten sich ebenfalls keinerlei Schwierigkeiten. Sie findet ihr Vorbild in den sachverständigen Beisitzern (Reichswirtschaftsrichtern) des Reichswirtschaftsgerichts[2]. Auch der sachlichen Fortbildung des Versicherungsaufsichtsrechts kann es nur nützlich sein, wenn es aus seiner bisherigen Isolierung gelöst und mit der allgemeinen Verwaltungsgerichtsbarkeit in Verbindung gebracht wird, ebenso wie auch für das allgemeine Verwaltungs- und Wirtschaftsrecht die Gesichtspunkte und Erfahrungen des Versicherungsverwaltungsrechts wirkungsvoll nutzbar gemacht werden können. Der Einbau versicherungsaufsichtlicher Senate in das Reichsverwaltungsgericht würde schließlich das große Ziel der Einheit der Verwaltung ein gutes Stück näherbringen.

V.

Es bleibt nun noch die große Frage, ob zwar in den erwähnten Einzelfällen eine Beschwerde an das Reichsverwaltungsgericht gewährt, für

---

[1] Nach der Reichsbesoldungsordnung B in der Fassung vom 9. 12. 1937 (RGBl. I S. 1355, 1379) stehen schon die Reichsrichter des Reichsverwaltungsgerichts dem Präsidenten des Reichsaufsichtsamts für Privatversicherung gleich (Besoldungsgruppe 7 a), während die Senatspräsidenten beim Reichsverwaltungsgericht noch höher (Besoldungsgruppe 6) eingestuft sind.

[2] Vgl. §§ 5, 7 des Gesetzes über das Reichswirtschaftsgericht v. 25. 2. 1938 (RGBl. I S. 216). Es ist unschwer möglich, innerhalb der Reichswirtschaftsrichter eine besondere Gruppe von sachkundigen Männern der Versicherungswirtschaft zu bilden. Auch deren spätere Übernahme an das Reichsverwaltungsgericht stellt kein Problem dar. Im Reichsdienststrafhof wirken ebenfalls Beisitzer dieser Art mit (vgl. §§ 41 ff. RDStO.).

die weitaus größere Zahl von Aufsichtsentscheidungen des Amtes aber an dem hergebrachten Unanfechtbarkeitsprinzip festgehalten werden soll. Man wird sie nicht bejahen können.

Das Unanfechtbarkeitsprinzip hatte im Jahre 1901, wie schon erwähnt, insofern seine Berechtigung, als es bei dem damaligen Vakuum im Reichsbehördensystem unmöglich war, über dem Aufsichtsamt noch eine Appellationsinstanz zu finden. Doch kann man aus der Not von ehemals für die veränderte Gegenwart keine Tugend machen. Es ist im modernen deutschen Verwaltungsleben ohne Beispiel, daß für so schwerwiegende Entscheidungen einer Verwaltungsbehörde, wie sie das Aufsichtsamt Tag für Tag in Anspruch nimmt, niemals der Appell an eine höhere, über der Situation stehende Instanz gegeben sein soll. Wo, wie hier, die Beschwerde selbst in Fällen von existentieller Bedeutung abgeschnitten ist, gedeiht keine gute volksgemeinschaftliche Ordnung. Denn auf die Dauer leiden das Ansehen, die Durchschlagskraft und auch das Ethos der Amtsführung einer Verwaltungsbehörde, wenn ihre Maßnahmen erst- und letztinstanzlich zugleich und unanfechtbar sind. Wird das ebenso primitive wie echte Bedürfnis nicht befriedigt, das Recht nicht nur bei der unmittelbar entscheidenden Behörde, sondern im ernsteren Konfliktsfalle auch an höherer Stelle suchen zu können, so muß das Vertrauen der Betroffenen auf die Dauer einer Krise zustreben, oder sie werden versuchen, ihre Ziele auf weniger offenen Wegen zu erreichen.

Das sind elementare Dinge, die nicht weiter ausgeführt zu werden brauchen. Es kommt aber über die Frage des Rechtsschutzes für die unmittelbar Betroffenen hinaus noch etwas Entscheidendes hinzu. Die gewerbepolizeiliche Versicherungsaufsicht des Aufsichtsamts hat sich inzwischen auf breiter Front zu einer Betätigung mit allgemeiner wirtschaftspolitischer Zielsetzung erweitert. Diese Entwicklung liegt in den Zeitverhältnissen begründet und könnte — im ganzen betrachtet — nicht ohne weiteres als Befugnisüberschreitung des Aufsichtsamts abgetan werden. Mit der Verfassung des nationalsozialistischen Führerstaates unvereinbar aber ist es, wenn diese Versicherungswirtschaftspolitik vom Aufsichtsamt im Stile souveräner Selbständigkeit ausgeübt und wenn nicht für ihre Verankerung in der allgemeinen Wirtschaftsführung des Reichs Sorge getragen würde. Dazu ist erforderlich, daß die Amtsführung des Aufsichtsamts eng mit der wirtschaftlichen Gesamtplanungs- und -führungstätigkeit des Reichswirtschaftsministeriums und auf diesem Wege übrigens auch mit den Vorgängen in der Gruppenorganisation der Versicherungswirtschaft verbunden wird, und hierzu wiederum ist es neben anderem unerläßlich, gegenüber den Gestaltungsmaßnahmen des Aufsichtsamts eine klare Appellationsmöglichkeit an das Reichswirtschaftsministerium als die zentrale wirtschaftspolitische Führungsstelle des Reichs zu gewähren. Das Beispiel des Reichsgesetzes über das Kreditwesen vom 25. 9. 1939 (RGBl. I S. 1955) zeigt, daß man auch dort bemüht war, in aller Breite die Verbindung des Reichsaufsichtsamts für das Kreditwesen mit dem Reichswirtschaftsminister herzustellen und dessen Anrufung gegenüber den Maßnahmen des Reichsaufsichtsamts offenzuhalten.

Nun braucht freilich nicht jede Maßnahme des Aufsichtsamts beschwerdefähig zu sein. Es gibt darunter eine Reihe alltäglicher und unproblematischer Anordnungen, bei denen es mit der einmaligen Entscheidung des Amtes endgültig sein Bewenden haben kann[1]. Nicht hierhin gehören aber z. B. die Entscheidungen nach den §§ 53 Abs. 4 und 89 Abs. 1 VAG., und vollends unverzichtbar erscheint die Forderung, daß die Entscheidungen über Geschäftsplanänderungen (§§ 13, 81 a VAG.) und die allgemeinen Aufsichtsmaßnahmen nach § 81 VAG. appellationsfähig gemacht werden. Sie waren es übrigens z. T. schon früher. Denn vor der Änderung vom 5. 3. 1937 gehörten der Konflikt über eine Geschäftsplanänderung und die Entscheidungen gemäß §§ 53 Abs. 4 und 89 Abs. 1 VAG. noch in das Senatsverfahren[2]; ferner bestimmte damals § 93 Abs. 1 Nr. 7 VAG., daß über Maßnahmen nach § 81 Abs. 2 im Senatsverfahren zu entscheiden sei, sofern mit ihnen eine Strafandrohung verbunden werde. Das Aufsichtsamt hat aber interessanterweise, wie FROMM berichtet, das Senatsverfahren hier in der Regel dadurch umgangen, daß es von einer Ordnungsstrafandrohung Abstand nahm[3]. Die Bedeutung des § 81 VAG. ist in diesem Zusammenhang deshalb besonders groß, weil er die Generalklausel enthält, die schon von jeher tiefe Eingriffe des Aufsichtsamts in die Versicherungswirtschaft ermöglichte, die vor allem aber auch die Grundlage bot, die Tätigkeit des Amtes in der beschriebenen Weise von der neutralen gewerbepolizeilichen Aufsicht zu wirtschaftspolitischer Führung und aktiver Gestaltung der Versicherungswirtschaft zu erweitern. Er gewährt dem Aufsichtsamt, um mit KOENIGE-PETERSEN zu reden, eine „Machtvollkommenheit, die in Wahrheit fast unbeschränkt ist“[4]. Deshalb überrascht es nicht, daß die Bedeutung der Maßnahmen des Amtes auf dieser Gesetzesgrundlage ständig gewachsen und die erwähnte Bestimmung zum Angelpunkt des gesamten Aufsichtswesens geworden

---

[1] Das ist etwa der Fall bei Maßnahmen des Aufsichtsamts im Rahmen seiner Befugnisse nach den §§ 23, 37, 54, 55, 57, 58, 66, 68, 69, 70, 71, 72, 75, 83, 101, 119, 157 VAG.

[2] Siehe oben S. 64 Anm. 1.

[3] GERHARD ERICH FROMM, Versicherungs- und Bausparkassenaufsichtsgesetz, München und Berlin 1938 S. 307.

[4] KOENIGE-PETERSEN, Privatversicherungsgesetz, 3. Aufl. Berlin u. Leipzig 1927 S. 652.

ist[1]. Die Notwendigkeit aber, hier eine Appellationsmöglichkeit zu schaffen, hat sich in gleichem Maße zur Unabweisbarkeit gesteigert.

Interessant ist, in welchen Vorstellungen über diesen Punkt sich demgegenüber noch die Schöpfer des Versicherungsaufsichtsgesetzes bewegten. Gegenüber einem Abgeordneten, der eine erweiterte Beschwerdemöglichkeit anstrebte, führte der Regierungsvertreter bei den Kommissionsberatungen über den Regierungsentwurf des Versicherungsaufsichtsgesetzes beschwichtigend aus, daß der Entwurf in allen wichtigeren Fällen bereits die Beschwerde vorsehe und sie nur dort versage, wo es sich um reine Ermessensfragen oder um interne Verwaltungsangelegenheiten des Amtes oder um Anordnungen von ganz untergeordneter Bedeutung handele. Er erreichte damit tatsächlich, daß der Änderungsantrag zurückgenommen wurde[2]. Später hat die Erfahrung allerdings ganz andere Eindrücke vermittelt. Sie führten zu dem bezeichnenden Eingeständnis in der amtlichen Begründung zu dem Änderungsgesetz vom 30. 3. 1931, die Erfahrungen hätten gezeigt, daß sich das Aufsichtsamt vielfach über die dem Senatsverfahren vorbehaltenen Fälle hinaus vor Entscheidungen gestellt sehe, die ebenso erhebliche Bedeutung hätten wie die dem Senatsverfahren zugewiesenen[3]. Damals wurde eine Lösung durch Einschiebung der heute noch als § 93 Abs. 1 Nr. 9 VAG. geltenden Vorschrift gesucht, wonach der Präsident des Aufsichtsamts auch in den hierfür an sich nicht vorgesehenen Fällen die Entscheidung im Senatsverfahren anordnen kann. Dieser Ausweg befriedigt indessen nicht, zumal er in eine Neuregelung überhaupt nicht hineinpaßt. Schon die Zahl der Senatsentscheidungen in den letzten Jahren läßt erkennen, daß er, wie zu erwarten war, keine praktischen Ergebnisse gezeitigt hat.

Schließlich mag zum Vergleich darauf hingewiesen werden, daß die moderne Regelung des Reichsgesetzes über das Kreditwesen vom 25. 9. 1939 (RGBl. I S. 1955) dem Reichsaufsichtsamt für das Kreditwesen keinerlei auch nur annähernd vergleichbaren Befugnisse zur endgültigen und unanfechtbaren Ausübung überläßt.

Wenn demnach auch für die 1901 noch in ihrer Bedeutung verkannten oder nicht absehbaren Aufsichtsmaßnahmen des Amtes endlich eine Appellationsmöglichkeit geschaffen werden muß, so stehen hierfür an sich als Beschwerdeinstanz das Reichswirtschaftsministerium und das Reichsverwaltungsgericht (Reichswirtschaftsgericht) zur Wahl. Denkbar wäre auch eine Verbindung beider. Es ist nun leicht zu er-

[1] Schon die älteren Kommentare, etwa der von Koenige-Petersen, belegen dies in ihren Bemerkungen zu § 81 (früher § 64) VAG. eindrucksvoll.

[2] Reichstagsverhandlungen 10. Legislaturperiode II. Session 1900/02, Drucksache Nr. 244, Anlagenband III (Berlin 1901) S. 1759.

[3] Nr. 848 der Drucksachen des Reichstags, V. Wahlperiode 1930 S. 22.

kennen, daß ein Teil der hier in Betracht kommenden Aufsichtsmaßnahmen sich in gleicher Weise im Rahmen abgesteckter Grundsätze bewegt und in gleichem Maße Anwendung und Durchführung des Versicherungsaufsichtsrechts bedeutet, wie in den Fällen, die bislang schon dem Senatsverfahren zugewiesen sind. Hier käme also an sich ein verwaltungsgerichtliches Verfahren für die Nachprüfung in Betracht. Ein anderer Teil aber hat ausgesprochen wirtschaftspolitischen Charakter. In diesen Fällen würde die Einschaltung einer verwaltungsgerichtlichen Überprüfung zu Verfälschungen führen und in Wahrheit nur die Anrufung des Reichswirtschaftsministeriums sachgemäß sein. Trotzdem kann man nicht etwa eine Teilung in zwei Gruppen vornehmen und jede von ihnen einem besonderen Instanzenweg zuweisen. Denn es ist überaus schwierig, im Rahmen der hier in Betracht kommenden Fälle die justiziablen von den politischen Aufsichtsmaßnahmen im voraus normativ zu trennen. Die Frage, ob eine Angelegenheit justiziabel erscheint oder ob sie politischen Charakter trägt, hat im Grunde selbst schon eine politische Entscheidung zum Gegenstand.

Eine praktische Lösung dieses Dilemmas bietet sich aber dann, wenn man für die Aufsichtsmaßnahmen des Amtes im Rahmen der hier als die wichtigsten Beispiele genannten §§ 13, 53 Abs. 4, 81, 81 a, 89 Abs. 1 VAG. allgemein die förmliche Beschwerde an den Reichswirtschaftsminister eröffnet und gleichzeitig dem Reichswirtschaftsminister die Alternative in die Hand gibt, entweder selbst zu entscheiden oder den Fall an das Reichsverwaltungsgericht zu verweisen. Diese Lösung hat eine Reihe von Vorzügen. Sie übernimmt den sogen. Zulassungsgrundsatz, den der Führererlaß vom 28. 8. 1939 für die Verwaltungsgerichtsbarkeit im allgemeinen zur Grundlage erhoben hat[1]. Sie ermöglicht damit, sinngerecht alle diejenigen Fälle der verwaltungsgerichtlichen Kontrolle zu unterwerfen, bei denen es konkret auf die Anwendung und Weiterentwicklung von Rechtsgrundsätzen des Versicherungsaufsichtswesens ankommt, alle Fälle aber, in denen vorwiegend wirtschaftspolitische Gesichtspunkte wirksam sind, auch unter der politischen Verantwortung der allein hierzu berufenen wirtschaftspolitischen Führungsstelle zu entscheiden. Sie beugt gleichzeitig dem Mißstand vor, daß der Reichswirtschaftsminister in zu starkem Maße als Beschwerdeinstanz in Anspruch genommen wird, indem sie durch Verweisung an das Verwaltungsgericht eine sinnvolle Dezentralisation ermöglicht. Auch damit macht der Vorschlag übrigens einen Gedanken der erwähnten Kriegsverwaltungsreform nutzbar, die zur Vermeidung einer zu starken Zentralisation von Entscheidungen in der Ministerial-

[1] Ziff. IV d. Erl. v. 28. 8. 1939 (RGBl. I S. 1535). Wegen der wissenschaftl. Erörterung dieses Grundsatzes vgl. die Nachweisungen bei HERMANN REUSS, Der Krieg und die Verwaltungsgerichtsbarkeit, ZAkDR. 1940 S. 11 Anm. 6.

instanz das Verwaltungsstreitverfahren überall dort hatte bestehen lassen, wo seine Verdrängung durch die Verwaltungsbeschwerde zur Anrufung einer Obersten Reichsbehörde führen würde[1]. Bei alledem verzichtet diese Lösung darauf, die Unterscheidung zwischen Angelegenheiten der Rechtswahrung und solchen vorwiegend wirtschaftspolitischen Gehalts durch eine zweifelhafte normative Regelung zu vollziehen, zugunsten der konkreten Entscheidung des unvoreingenommen aus der Gesamtverantwortung urteilenden Reichsministers.

Dem früher dargelegten ersten fügt sich mithin der folgende zweite Vorschlag für die Neugestaltung des Versicherungsaufsichtswesens an:

> Gegen alle Maßnahmen des Aufsichtsamts, gegen die nicht nach dem ersten Vorschlag ohnehin unmittelbar die Beschwerde an das Reichsverwaltungsgericht gegeben ist oder die wegen ihrer Eigenart oder wegen mangelnder Bedeutung nicht ausdrücklich als unanfechtbar bezeichnet werden[2], ist die Beschwerde an den Reichswirtschaftsminister statthaft, der in den hierfür geeigneten Fällen, statt selbst zu entscheiden, die Beschwerde an das Reichsverwaltungsgericht (Reichswirtschaftsgericht) verweisen kann.

Mit diesen Vorschlägen wird die Ausgestaltung des Rechtsschutzes in Versicherungsaufsichtssachen mit den Forderungen der Zeit in Einklang gebracht, werden Verfassung und Verfahren des Aufsichtsamts wieder den Organisations- und Verfahrensgrundsätzen der modernen deutschen Verwaltungsordnung angepaßt. Daran, ob sie diese Aufgabe erfüllen, ist ihr Wert zu messen.

Die Aufgaben der Mathematik in der Versicherungswirtschaft und ihre Grenzen.

Von

Walter Gehrke,

Vorstandsmitglied in Gerling-Konzern Lebensversicherungs-Aktiengesellschaft, Köln.

Die Mathematik als Helferin der Versicherungswissenschaft und damit auch der Versicherungswirtschaft soll im Rahmen dieses Vortrages behandelt werden.

Die Mathematik ist die Wissenschaft der Erforschung der Dinge um den Punkt und die Linie, um die Fläche und um den Raum. Ihr Leben gewinnt die Mathematik aber erst durch ihre Anwendung auf Sachen

[1] Vgl. § 4 der 2. Vereinfachungsverordnung v. 6. 11. 1939 (RGBl. I S. 2168) und die Verordnung v. 14. 12. 1939 (RGBl. I S. 2433).

[2] Vgl. die Hinweise oben S. 79 Anm. 1.

und Einrichtungen, die der menschlichen Gemeinschaft dienen. Die Physik und die Chemie, diese beiden wichtigen Grundlagen der Ausgestaltung des menschlichen Lebens, sind diejenigen Wissenschaften, bei denen die Mathematik ihre reinste Anwendung findet. Aber auch bei diesen beiden Wissenschaften ist die Mathematik nur ein Mittel zur Erreichung des Zweckes, während der Zweck selbst sich nur danach richtet, was der menschlichen Gemeinschaft dienlich und gut ist.

Nebenzweige der Mathematik, die erst verhältnismäßig spät Bedeutung gewonnen haben und in der Versicherungswirtschaft vornehmlich Anwendung finden, sind die zahlen-theoretischen Gebiete der Wahrscheinlichkeitsrechnung und der mathematischen Statistik.

Wie der Name Wahrscheinlichkeitsrechnung schon sagt, ist diese Rechnung auf Ereignisse nicht anwendbar, deren Eintreten für einen bestimmten Zeitpunkt eine Gewißheit bedeutet; vielmehr muß der Eintritt der Ereignisse — im einzelnen betrachtet — Zufälligkeiten unterworfen sein, für deren Verlauf man auf Grund von Statistiken und mit Hilfe der Wahrscheinlichkeitsrechnung Gesetzmäßigkeiten festzustellen vermag. Ein typisches Beispiel solcher Zufälligkeiten, die auf den ersten Blick jeder Meisterung durch den Geist des Menschen entzogen zu sein scheinen, ist das Würfelspiel. Von einer Schar von Pariser Müßiggängern wurde dereinst dem geistvollen Mathematiker Pascal die Aufgabe gestellt, für dieses Glücksspiel und für andere, denen sie frönten, die Möglichkeit zu schaffen, den Verlauf rechnerisch im voraus abzuschätzen. Selbstverständlich sollte dies nicht im Interesse der Wissenschaft geschehen, vielmehr zum Segen ihres Geldbeutels, den sie dadurch auf bequeme Art zu füllen gedachten. Pascal ging damals, es sind jetzt 300 Jahre her, an diese Aufgabe mit seiner großen mathematischen Gründlichkeit heran und wurde durch seine eindringende Beschäftigung mit dem Problem zum Schöpfer der Wahrscheinlichkeitslehre. Damit wurde er gleichzeitig zum Wegbereiter einer methodischen Versicherungsrechnung. Es verging lange Zeit, bis andere bedeutende Mathematiker diesen Zweig der Mathematik durch Anwendung auf dem Sondergebiet der Versicherungswirtschaft der menschlichen Gemeinschaft dienlich machten. Die Notwendigkeit, im Versicherungswesen mathematische Grundsätze anzuwenden, ergab sich nämlich erst, als Versicherungsunternehmen entstanden, die den Versicherungsschutz auf die große Masse des Volkes auszudehnen sich bemühten. Bei manchen Arbeiten der Versicherungswissenschaft kommen auch andere Zweige der Mathematik zur Anwendung, doch weniger häufiger als gerade dieWahrscheinlichkeitsrechnung und die mathematische Statistik.

Wer aber zuerst den Gedanken zur Schaffung einer Versicherung hatte, brauchte trotzdem kein Mathematiker gewesen zu sein. Tatsächlich ist denn auch der Versicherungsgedanke sehr alt, so alt wie das

Unglück, von welchem die Menschen durch Feuer, Not und Tod bedroht werden. So finden sich die Anfänge zum Versicherungswesen schon in den ältesten Zeiten der Naturalwirtschaft. Das Eintreten der Allgemeinheit für den einzelnen, um irgendeine Not zu lindern, bildete den Grundgedanken. Was im Altertum dazu an Einrichtungen in verschiedenen Formen geschaffen wurde, verschwand wieder im Dunkel der zweiten Hälfte des ersten Jahrtausends unserer Zeitrechnung. Später, bei den Gilden und Zünften des Mittelalters, entstanden dann wieder ähnliche Einrichtungen mit den verschiedensten Zwecken. So bildete die Aufbringung von Lösegeld für in Gefangenschaft geratene Mitbürger, der Ersatz für gestohlenes Vieh oder für verlorene Schiffe, die Bestreitung von Beerdigungskosten u. a. m. den Gegenstand des Zusammenschlusses von Berufs- oder sonstigen Personengruppen in Opfergemeinschaften. Dies alles war aber noch keine Versicherung im Sinne unserer modernen Verkehrswirtschaft, vielmehr erst der Vorläufer dazu. Der wirtschaftliche Begriff der Versicherung hat sich erst bilden können, als es eine ordentliche Geldwirtschaft gab, und er hat sich erst ordnen können, als sich die Mathematiker mit diesem neuen Wissensgebiet befaßten. Die Anfänge der Versicherungsmathematik gehen neben PASCAL auf bedeutende Mathematiker wie JEAN DE WITT und später HALLEY zurück. Diese beiden haben, auf den PASCAL'schen Lehren aufbauend, die Versicherungsmathematik ins Leben gerufen und ihr den Weg gewiesen. Erst dadurch ist die Versicherung zu einer planmäßigen Vorsorge für einen künftigen Bedarf geworden, dessen Fälligkeit hauptsächlich vom Zufall bestimmt wird. Die Versicherung in diesem Sinne beruht auf einem mathematischen Denkergebnis der Wahrscheinlichkeitsrechnung mit ihrem wichtigen Gesetz der großen Zahl, dem Gesetz, durch das der Mensch in wirtschaftlichen Dingen den Zufall beherrschen gelernt hat. Ohne mathematische Forschung und ohne die von Mathematikern erdachten Hilfsmittel wäre die Entwicklung der Versicherung als planmäßige Vorsorge nicht möglich gewesen. Zu diesen Hilfsmitteln gehört auch die mathematische Statistik, deren Entstehen etwa 200 Jahre zurückliegt und die sich in damals ungeahnter Weise ausgebaut hat und noch weiter ausbauen wird, seitdem ihre eigenen Hilfsmittel mathematisch und technisch immer mehr verfeinert und vervollkommnet werden.

Es ist nicht Zufall, daß in der Versicherungsmathematik die Versicherung des menschlichen Lebens im Vordergrund steht. In der Lebensversicherung sind sowohl bei der Herstellung der statistischen Unterlagen, die zur Konstruktion von Sterbetafeln dienen, als auch beim Ausbau der zahlreichen verschiedenartigen Versicherungsformen sowie bei der Verwaltung der Versicherungsbestände viele schwierige Aufgaben versicherungstechnischer Art zu lösen. Die Kompliziertheit der Rechenvorgänge gerade in der Lebensversicherung hat ihren Hauptgrund darin, daß die Sterblichkeitsgefahr des Menschen vom Lebensalter abhängig ist. Neben der dadurch notwendigen Konstruktion von Sterbetafeln sind technische Verfahren zu entwickeln, die es ermöglichen, die nicht einfachen Rechenvorgänge, die sich durch die Verbindung von Sterblichkeit und Zinseszins sowie von einmaligen und laufenden Verwaltungskosten ergeben, in möglichst einfache und praktisch brauchbare Formen zu bringen. Zu der Sterbenswahrscheinlichkeit treten dabei noch andere Wahrscheinlichkeitswerte hinzu, wie die Invaliditäts-, Heirats-, Wiederverheiratungswahrscheinlichkeit u. a. m.

Neben der Lebensversicherung wird die Versicherungsmathematik in der Zukunft auch in der Krankenversicherung an Bedeutung gewinnen. Der Aufschwung der Krankenversicherung nach dem Weltkriege hat erkennen lassen, daß auch auf diesem Gebiet eine versicherungsmathematische Ordnung notwendig ist, liegen doch bei dieser Versicherung die technischen Verhältnisse ähnlich wie bei der Lebensversicherung. Auch bei ihr nimmt das Risiko mit wachsendem Lebensalter zu, so daß von der Versicherungsmathematik die Aufgabe zu lösen ist, die Voraussetzungen für einen stationären Beitrag in Verbindung mit einer ordnungsmäßigen Deckungskapitalbildung zu schaffen, wobei die unterschiedlichen Krankheitsverhältnisse für Mann und Frau, die Mitversicherung von Kindern bei der kollektiven Familienversicherung und anderes die zu lösenden Aufgaben vermehren und erschweren.

In der sonstigen Personenversicherung, beispielsweise in der Unfallversicherung, greift man gleichfalls auf die Mathematik zurück, hauptsächlich dann, wenn es sich um die Berechnung von Leistungen und Gegenleistungen handelt, die von der Lebensdauer der versicherten Personen abhängig sind.

In der Sachversicherung tritt die Versicherungsmathematik dagegen mehr in den Hintergrund. Dies liegt daran, daß es sich in der Sachversicherung meist um Verträge mit kürzerer Dauer als bei der Lebensversicherung handelt und daß die Schadenswahrscheinlichkeiten im Grundsatz zeitlich stark veränderlich sind, selbst wenn man von den Schwankungen absieht, die durch die Konjunktur bedingt und daher versicherungstechnisch überhaupt nicht im voraus abschätzbar sind. Wohl bedient man sich in der Sachversicherung mathematischer Methoden, um relative Schadenshäufigkeiten statistisch zu erfassen, im übrigen überragt aber hier die rein versicherungskaufmännische Grundlage. In einem Spezialzweig der Sachversicherung, der sogenannten Hauslebens- und Schifflebensversicherung, hat die Versicherungsmathematik allerdings einmal eine ziemlich wichtige Rolle gespielt, jedoch nur vorübergehend; denn diese Versicherungsarten sind wieder aufgegeben worden, weil sie sich wirtschaftlich nicht bewährt haben, und zwar hauptsächlich wohl deswegen, weil die technische Konstruktion und die Praxis schwer miteinander in Übereinstimmung zu bringen waren.

Im allgemeinen kann man zusammenfassend sagen, daß die Einbeziehung mathematischer Konstruktionen das Entstehen von Versicherungs-Großbetrieben der heutigen Form, namentlich von Lebensversicherungsunternehmen, überhaupt erst möglich gemacht hat. Die Versicherungsmathematik schafft der Versicherung die notwendigen Grundlagen und verbessert diese ständig; dies geschieht mittels der Statistik, die planmäßig Material zusammenträgt, um dieses nach mathematischen Grundsätzen zu verarbeiten, wie es der Bedarf der Versicherungswirtschaft zweckmäßig erscheinen läßt. Es sei verwiesen auf die vielartigen einfach und doppelt abgestuften Sterbetafeln, auf die Invaliditätstafeln für die Sozial- und die private Invaliden- und Altersrentenversicherung, die Morbiditätstafeln für die Krankenversicherung u. a. m. Die gebotenen Versicherungsformen haben sich zwar in der Hauptsache stets nach dem praktischen Bedarf gerichtet, in technischer Hinsicht sind aber auch sie von der Versicherungsmathematik entwickelt und zweckmäßig gestaltet worden. Im Anfang war in der Lebensversicherung die reine Todesfallversicherung die einzige Versicherungsform. Späterhin sind zahlreiche andere Formen hinzugekommen wie die Versicherung auf den Todes- und Erlebensfall, auf festen Termin, die Pensions- und Rentenversicherung, an Spezialversicherungen die Töchter-Aussteuer- und die Söhne-Ausbildungsversicherung, dann die Gruppen-Gefolgschaftsversicherung auf den Todes- und Pensionsfall u. a. m. Es hat den Anschein, als ob in der Lebensversicherung die Pensions- und Rentenversicherung, die lange Zeit in der Versicherungswirtschaft im Hintergrund stand, neuerdings mehr in den Vordergrund tritt, so daß sich der Mathematiker diesem Umstand anpassen muß.

Eine wichtige Aufgabe der Versicherungsmathematik ist fernerhin die Ordnung und Vereinfachung der Verwaltung der technischen Versicherungseinrichtungen. Dazu gehört die Ableitung von Erfahrungssätzen aus dem reichhaltigen statistischen Material der Sozialbetriebe sowie der Gesellschaften und deren Umwertung in brauchbare Rechnungsgrundlagen; weiterhin die Vereinfachung der nötigen versicherungstechnischen Berechnungen durch wohlbedachte mathematische Konstruktionen sowie die Ermittlung der versicherungstechnischen Bilanzzahlen nach mathematischen Gruppenformeln, und zwar besonders in Verbindung mit den modernen maschinellen Hilfsmitteln wie den Hollerith- und ähnlichen mechanischen Sortier-, Rechen- und Buchungsmaschinen. Diese Maschinen sind Hochprodukte physikalisch-mathematischer Wissenschaft; ihren Ursprung verdanken sie den Mathematikern PASCAL und LEIBNIZ, die beide auf dem Gebiete des Maschinenrechnens grundlegende Erfindungen gemacht haben. Die Ergebnisse der Jahresrechnung bringen sodann für den Mathematiker die Aufgabe, für die Versicherten das Problem einer gerechten Überschußbeteiligung zu lösen. Im Ursprung gab es Lebensversicherungen nur ohne Gewinnbeteiligung. Bald setzte sich jedoch namentlich in Deutschland der Gedanke durch, die alljährlich auftretenden Überschüsse in der Hauptsache als das Eigentum der Versicherten zu betrachten und sie diesen in irgendeiner Form als überbezahlte Beitragsteile zu erstatten. Aufgabe des Mathematikers war und ist es, für diese Überschußverteilung gerechte, andererseits aber auch praktisch verwendbare Methoden zu finden. In der Hauptsache hat sich dies bisher in der Lebensversicherung abgespielt, doch machen sich auch in der modernen Ausgestaltung der Krankenversicherung Anfänge dazu bemerkbar.

Ein besonderes Betätigungsgebiet des Versicherungsmathematikers ist in der Lebensversicherung noch das Rückversicherungsgeschäft. Wenn auch der praktische Versicherungsfachmann meist schon aus dem Geschäftsumfang und Verlauf heraus erkennen wird, ob und inwieweit Rückversicherung nottut, so bieten ihm in der Lebensversicherung noch technische Erfahrungssätze, wie das mathematische Rückversicherungsoptimum, für seine Entscheidung einen wertvollen Anhalt. In der technischen Verwaltung des rückversicherten Bestandes selbst wiederholen sich viele Rechnungsvorgänge, die vorher schon beim Thema der Erstversicherung behandelt wurden, und zwar gleichsam mit umgekehrtem Vorzeichen. Hinein spielen dann noch die internationalen Verflechtungen des Rückversicherungsgeschäftes, so daß der Rückversicherungsmathematiker auch die außerhalb Deutschlands üblichen Rechnungs- und Bilanzierungsverfahren und am besten auch die in Betracht kommende Fremdsprache beherrschen muß, weil die Verhandlungen mit den ausländischen Vertragspartnern in der Lebens-Rückversicherung fast immer vom Mathematiker geführt zu werden pflegen.

Im vorstehenden ist dargelegt worden, wie die Mathematik den Gedanken der Versicherung befruchtet und sich konstruktiv in die Versicherungswirtschaft einschaltet.

Die Versicherung hat ihre Aufgaben im Rahmen der gesamten, vom Staat gelenkten Volkswirtschaft zu erfüllen. Damit werden die volkspolitischen und volkswirtschaftlichen Grundsätze des Staates zum Ethos der Versicherung selbst. Die treibenden Kräfte der Ausbreitung des Versicherungsgedankens sind der Schöpfergeist der Versicherungsfachleute und der Wetteifer der Versicherungsunternehmungen unter sich, auf dem Gebiete ihrer Betätigung das bestmögliche zu leisten. In diesem Rahmen findet auch der Mathematiker seine Betätigung. Er wird die ihm gestellte Aufgabe am besten meistern, aber auch die

Grenzen seiner Aufgaben am ehesten erkennen, wenn er gleichzeitig Versicherungswirtschaftler und Kaufmann ist. Seinem Streben bietet sich ein großes Feld, zumal sich seine statistische Forschung auf den verschiedensten Gebieten bewähren kann. Nur darf er dabei nie die Aufgabe seines Versicherungsunternehmens aus dem Auge lassen, die keine andere sein darf als die einer großzügigen Wirtschaftsführung. Wenn es auch statistisch und medizinisch interessant sein mag zu wissen, daß die Lehrer und die protestantischen Geistlichen im Durchschnitt die beste Sterblichkeit aufweisen, daß gewisse Handwerkergruppen eine höhere Sterblichkeit haben als Büroangestellte, und ähnliches mehr, so ist es vom Standpunkt der wirtschaftlichen Aufgabe der Versicherung nicht vertretbar, etwa für solche Berufsgruppen bis ins feinste differenzierte Beitragsbedingungen vorzusehen und dadurch den Abschluß solcher Versicherungen und ihre Verwaltung zu erschweren. Solche Differenzierungen und etwa sogar ihre propagandistische Ausnutzung sind sowohl volkspolitisch als auch volkswirtschaftlich falsch und schaden nur der Ausbreitung des Versicherungsgedankens; auf dieser Linie liegt, daß die Lebensversicherungsgesellschaften sich von der bisher üblichen Zuschlagsbemessung nach Berufen immer mehr abwenden. Aus dieser grundsätzlichen Auffassung heraus ist auch zu verwerfen, besondere Versicherungsunternehmungen mit einer besonderen, berufsständisch orientierten Versicherungsmathematik ins Leben zu rufen, etwa weil besonders günstige Risikengruppen erfaßt und die Vorteile daraus egoistisch für die besonderen Gruppen verwendet werden sollen; dies läuft gewissermaßen auf eine Kleinstaaterei im großen Versicherungsstaat hinaus, also auf einen Zustand, der überwunden sein sollte. Dieser Grundsatz muß selbstverständlich allgemein, also auch für die Sachversicherung und die anderen Versicherungszweige gelten. Es dient nicht der Förderung des Versicherungsgedankens, wenn der Versicherungsmathematiker Teilergebnisse seiner mathematisch-statistischen Erkenntnisse in der Praxis verwirklichen will. Die Aufteilung der Feuerrisiken nach Gefahrenklassen mit entsprechenden Beitragsfestsetzungen, vom einfachen Hausmobiliar und Wohnhaus an bis zur Öl- und Getreidemühle oder der Gasfabrik hat durchaus seine Berechtigung, weil dadurch dieses Risikengemisch im großen geordnet wird. Die dadurch bedingte Beitragsabstufung ist mit der vom Alter abhängigen Beitragsbemessung in der Lebensversicherung vergleichbar; ohne diese Beitragsabstufungen wäre die Sachversicherung nicht denkbar. Von Übel wird es jedoch, wenn aufgrund mathematisch-statistischer Erhebungen in der Beitragsbemessung Abstufungen verlangt werden, die an diesen Sonderfeststellungen genauestens festhalten wollen und sich dadurch mit den allgemeinen volkswirtschaftlichen Grundsätzen nicht vereinbaren lassen.

Auch die sittliche Idee der Versicherung kann der Betätigung der Versicherungsmathematik Grenzen setzen. Als Beispiel sei die Kombinierung von Lebensversicherung und Lotterie angeführt, die in einigen Lebensversicherungsbetrieben des früheren Österreich nach dem Zusammenbruch des Phönix als eine besonders wertvoll gedachte Gesundungsmethode Eingang gefunden hatte. Nur aus der Not heraus kann erklärt werden, daß sich seinerzeit prominente österreichische Versicherungsmathematiker bereit fanden, dieses Kind des Verfalls mit aus der Taufe zu heben. Bekanntlich hat das deutsche Reichsaufsichtsamt für Privatversicherung dieser Verquickung von Lebensversicherung und Lotterie sehr bald ein Ende gemacht.

Selbstverständlich soll andererseits die Versicherungsmathematik, wie sie es bisher schon zweckfördernd getan hat, auch weiterhin rein schöpferisch wirken. Daneben hat sie eine Unzahl von Aufgaben zu lösen, die in der praktischen Versicherungswirtschaft für die Öffentlichkeit nicht ohne weiteres in Erscheinung treten. Die Untersuchungen und Lösungen rein mathematischer oder mathematisch-statistischer Natur müssen klarzustellen versuchen, daß dieser oder jener Umstand für die Praxis wichtig oder aber auch nebensächlich ist und daher nicht beachtet zu werden braucht. Zur Erläuterung diene ein aktuelles Beispiel: In der Krankenversicherung steht zur Zeit die Abstufung der Beiträge nach Eintrittsaltern zur Diskussion und in Verbindung damit die Bemessung und Aufteilung des Kinder-Sonderrisikos. Durch Überlagerung und Kompensation läßt sich jedoch erreichen, daß trotz der Einschaltung des Kinderrisikos bis zu einem vergleichsweise hohen Beitrittsalter eine einheitliche Prämie erhoben werden kann, und zwar ohne daß bis zu diesem Alter nebenher eine besondere Deckungskapitalbildung notwendig wird. Ob diese Vereinfachung brauchbar ist, bleibt noch zu prüfen. Jedenfalls zeigt dieses Beispiel, daß die von einigen Mathematikern seit Jahren erhobene Forderung, in der Krankenversicherung die Beiträge nach Beitrittsaltern abzustufen, sich im weiteren Verlauf der Forschung bis zu einem gewissen Grad als unnötig herausstellt, was der Versicherungswirtschaft im Sinne einer vereinfachten Werbung und eines einfachen Verwaltungsbetriebes nur erwünscht sein kann.

Es ist gut, daß sich der Geist unserer Versicherungsmathematiker an der Lösung von versicherungswirtschaftlichen Problemen übt und schärft, aber die Hauptsache ist und bleibt, daß die Versicherungswirtschaft als solche dabei gedeiht. Der Mathematiker soll eben nie vergessen, daß die Schaffung der Versicherung nicht das Ergebnis eines glücklichen mathematischen Konstruktionsgedankens ist, sondern daß die Versicherung ihr Entstehen dem Bedürfnis der Menschen verdankt, einander in der Not zu helfen. Deswegen soll die von dieser Erkenntnis beherrschte Versicherungswirtschaft auch Einhalt darin tun, die Menschheit oder ihre Sachen in eine Vielheit von Gefahrenklassen aufzuteilen, in minutiöser Abstufung zwischen solchen, die leicht in höchste Not geraten können, und solche, bei denen diese Gefahr in minderem Maße zu drohen scheint; sonst endet schließlich alles in einer großen, nicht mehr zu meisternden Überfeinerung der Begriffe, zumal sich vieles davon ständig in der Entwicklung befindet und sich womöglich im Laufe der Zeit risikomäßig wesentlich verschieben kann. Selbstverständlich vermag der geübte Mathematiker eine solche Verfeinerung der Gefahrenklassifizierung wissenschaftlizh durchaus einwandfrei durchzuführen, aber er möge sich vor Augen halten, daß seine Wissenschaft nicht in einem Selbstzweck enden darf, daß vielmehr das Ziel seiner Aufgabe stets nur sein darf, etwas zu schaffen, was der mehr oder minder laienhaft eingestellten Allgemeinheit verständlich ist und die ideale Aufgabe der Versicherung erfüllt, die Lasten von den schmalen Schultern einzelner Personen auf die breiten Schultern einer Versicherungsgemeinschaft zu verlagern. Es hieße, die Gerechtigkeit des Beitragsaufwandes übertreiben, wenn man jedem Grüppchen von Risiken diejenigen Gefahren aufbürden wollte, die ihm selbst eigen sind; man würde dadurch gegen den Grundgedanken der Versicherung verstoßen, daß die Vielheit für die Einheit einzutreten hat, wenn diese einer für sie untragbaren Gefahr unterliegt. Der Mathematiker soll mit seinem Wissen und Können der Gemeinschaft dienen, aber nicht nach Problemen suchen, nach Problemen, die vielleicht wissenschaftlich interessant sein mögen, aber wirtschaftlich keine tragende Bedeutung haben.

Im Hinblick auf die Erörterungen des Themas „Anwartschaftsmathematik" im Zusammenhang mit der im Werden begriffenen Altersversorgung des deutschen Volkes möchte ich hierzu noch eine Bemerkung machen.

Unter Anwartschaftsmathematik oder — besser gesagt — dem versicherungsmathematisch entwickelten Anwartschaftsdeckungsverfahren wird in der Lebens- und Pensionsversicherung die Beitragsrechnung nach dem Grundsatz verstanden, daß der Barwert aller zukünftigen Beiträge eines Versicherungsbestandes in Verbindung mit den technischen Reserven jederzeit gleich dem Barwert aller zukünftigen Versicherungsleistungen sein muß. Auch bei der bisherigen Form der Sozialversicherung war die Anwendung dieses Verfahrens — wenn auch in beschränktem Maße — notwendig, weil die Sozialleistungen im allgemeinen auf der Beitragspflicht der versorgten Volksgenossen und von deren Arbeitgebern beruhten. Werden nun, wie es für die Altersversorgung des deutschen Volkes geplant ist, die Versorgungslasten auf die gesamte Volksgemeinschaft umgelegt, so entfällt die Notwendigkeit einer Bilanzierung nach dem Anwartschaftsdeckungsverfahren, und zwar in ganz natürlicher Weise, weil unter diesen Umständen der Wert der Beitragsleistungen einer versicherungsmathematischen Kontrolle nicht mehr bedarf. In der Versicherungswirtschaft dagegen hält die Mathematik des Anwartschaftsdeckungsverfahrens — schon im Hinblick auf die einschlägigen gesetzlichen Bestimmungen — unverändert ihre Richtigkeit.

Ein mathematisches Unterbauen der Versicherungswirtschaft ist notwendig, um ihr Funktionieren in geordneten Bahnen zu gewährleisten; dies ist wohl eingehend genug dargelegt worden. Es ist auch notwendig, dieses ordentliche Funktionieren versicherungsmathematisch dauernd zu überwachen, auszubauen und zu verfeinern. Aber Grundgedanke muß sein, eher kunstvolle Konstruktionen abzubauen, als sie womöglich noch kunstvoller zu gestalten. Die Einfachheit der Konstruktion muß regieren, weil nur diese eine gute Rentabilität gewährleistet, wobei unter Rentabilität selbstverständlich nichts anderes zu verstehen ist, als in der großen Gefahrengemeinschaft den Effekt der größten Leistung bei billigstem Preis zu erreichen. Daran mit allen seinen Kräften und allem seinen Wissen mitzuhelfen, ist die bedeutsame Aufgabe des Versicherungsmathematikers, und in der Aufgabe der Versicherungswirtschaft, nichts anderes zu tun, als dem Allgemeinwohl zu dienen, liegen die Grenzen seiner Betätigung.

Die Gesundheitsbetreuung des schaffenden deutschen Menschen in der Sozialversicherung.

Von

Dr. Kurt Nüssel,

Landesrat bei der Landesversicherungsanstalt Rheinprovinz—Düsseldorf.

In der Gestaltung Groß-Deutschlands steht die Gesundheitsbetreuung des schaffenden deutschen Menschen fast an der Spitze aller unserer Bemühungen, so war es vor, ist es während des Krieges und auch nach dem Kriege wird es so sein. Sie ist die Voraussetzung des Ausbaues unseres Endsieges. Unsere Zeit ringt um die gesunde Seele und den gesunden Körper des schaffenden deutschen Menschen. Schon seit Jahren hat sich die deutsche Sozialversicherung dieser Aufgabe in voller Hingabe verschrieben. Ein schönes Wort Goethes lautet: „Die Erde wird durch Liebe frei, durch Taten wird sie groß“. Wenn einmal die Geschichte der Gesundheitsbetreuung des schaffenden deutschen Menschen in der Sozialversicherung während der letzten 50 Jahre und besonders der Jahre nach dem Umbruch 1933 geschrieben wird, dann wird sich zeigen, daß auch durch das Werk der deutschen Sozialversicherung auf gesundheitsfürsorgerischem Gebiete das Goethe'sche Wort in guten und schweren Zeiten weithin sichtbar in zunehmend ausstrahlendem Glanze bestätigt worden ist. Und an diesen Ruhmeskranz werktätiger völkischer Liebe dürfen alle Träger der deutschen Sozialversicherung gleichmäßig die Hand legen. Er bleibt ihnen auch erhalten und wird nicht verbleichen, wenn unsere große Gegenwart den Gedanken des Reichsorganisationsleiters Dr. Robert Ley verwirklichen sollte, die Gesundheitsbetreuung des schaffenden deutschen Menschen auf völlig neuen Wegen einem neuen Frühling zuzuführen. Berechtigter Stolz liegt in dieser Vorstellung und freudige Hoffnung erweckt die Gewißheit, daß die Summe aller Wünsche, aller Hoffnungen, aller Mühe, aller Liebe, Hingabe und Aufopferung nicht verloren gehen kann, vielmehr auch in jedem neuen Werke der Gesundheitsbetreuung des schaffenden deutschen Menschen mitemporblüht und es segnen wird aus den Erfahrungen eines langen erfolgreichen Daseins heraus. Wenn ich heute, schon mit Rücksicht auf die mir zur Verfügung stehende knapp bemessene Zeit, weniger in Form einer Darstellung im Einzelnen, als in Form des Versuches einer abstandnehmenden und richtunggebenden Schau, die Gesundheitsbetreuung des schaffenden deutschen Menschen durch die Landesversicherungsanstalten als Invalidenversicherung in den Vordergrund rücke, so mag diese Darstellung nur als ein Beispiel gelten unter anderen.

Die Gesundheitsfürsorge der LVAen ist zwar vom Beginn ihres Bestehens an wie die der übrigen Sozialversicherungen auf dem Gedanken der Versicherung aufgebaut, schon frühzeitig aber hat sie die versicherungsrechtlichen Voraussetzungen für die Gesundheitsbetreuung des schaffenden deutschen Menschen auf die großen Ziele der Volksgesundheitsfürsorge ausgerichtet und dies in einem Umfange, daß praktisch fast alle Zweige der öffentlichen Gesundheitsfürsorge von ihr gefördert werden konnten. Dabei hat naturgemäß auch die Gesundheitsfürsorge der LVAen in Abhängigkeit von der Zeit bis zur Abgrenzung des heutigen Aufgabenkreises Wandlungen erlebt, innerhalb derer nicht alle Hoffnungen gleichmäßig erfüllt werden konnten. Auch die Entwicklung der Gesundheitsbetreuung des schaffenden deutschen Menschen durch die Sozialversicherung zeigt Höhepunkte und Zeiten, in denen es wie ein leises Bedauern durch die Reihen ging, daß aus Gründen der Sicherung der Pflichtleistungen, nämlich der Gewährung von Invaliden- und Hinterbliebenenrenten, der Ausbau der freiwilligen Leistungen, die Durchführung nämlich von Heilverfahren und allgemeinen gesundheitsfürsorgerischen Maßnahmen zurückstehen mußte. Die versicherungstechnischen Voraussetzungen betr. Erhaltung der Anwartschaft und Erfüllung der Wartezeit haben sich im Laufe der Jahre analog denen im Rentenverfahren geändert. Die gesetzlichen Bestimmungen aber, nach denen Heilverfahren und allgemeine gesundheitsfürsorgerische Maßnahmen überhaupt zur Durchführung kommen, sind unverändert geblieben und legen Zeugnis ab von dem hohen Maß sozialer und gesundheitsfürsorgerischer Einsicht ihrer Schöpfer und Förderer. Heilverfahren für sämtliche Krankheiten werden für Versicherte durchgeführt gemäß den gesetzlichen Bestimmungen des § 1310 RVO. zur Abwendung einer drohenden Invalidität eines Versicherten oder einer Witwe und zur Beseitigung einer bereits eingetretenen Invalidität. Um den verhältnismäßig engen Rahmen der gesundheitsfürsorgerischen Betreuung des schaffenden deutschen Volksgenossen betr. Gewährung von Heilverfahren zu sprengen und gleichzeitig auch in das weite Gebiet der allgemeinen Volksgesundheitsfürsorge vorzudringen, wurde jener § 1252 in die RVO. aufgenommen, nach dem „mit Genehmigung der Aufsichtsbehörde Mittel aufgewendet werden können, um allgemeine Maßnahmen zur Verhütung des Eintritts vorzeitiger Invalidität unter den Versicherten oder zur Hebung der gesundheitlichen Verhältnisse der versicherten Bevölkerung zu fördern oder durchzuführen“. Welch reicher gesundheitsfürsorgerischer Segen ist seitdem aus den Maßnahmen geflossen, deren Durchführung dieser Paragraph der RVO. versicherungsrechtlich ermöglichte. Die Durchführung von Heilverfahren für nichtversicherte tuberkulöse Ehefrauen von Versicherten, für nichtversicherte Geschlechtskranke, für tuberkulöse und erholungsbedürftige nichtversicherte Kinder von Versicherten, für nichtversicherte Lupuskranke, die Durchführung von Ertüchtigungskursen für körperbehinderte Jugendliche sind aus der Anwendung dieser Bestimmungen im Laufe der Jahre möglich geworden und darüber hinaus alle Maßnahmen, welche die LVAen besonders in den letzten Jahren dem deutschen Volke auf dem Gebiete der allgemeinen Volksgesundheitsfürsorge geschenkt haben. Das Heilverfahren der LVAen gliedert sich in ständige und nichtständige Heilverfahren, wobei wir unter dem ständigen Heilverfahren die Durchführung in geschlossenen Anstalten, in Heilstätten, Genesungsheimen, Sanatorien, Krankenhäusern verstehen und unter den nichtständigen Heilverfahren die Durchführung von Heilmaßnahmen in Form einer ambulanten Sprechstundenbehandlung oder durch Gewährung von Beihilfen. Ständige Heilverfahren werden von den LVAen in eigenen und fremden Heilstätten durchgeführt. Die Geschichte der Entwicklung des deutschen Anstaltswesens für Versicherte, wie es sich aus dem der übrigen Welt leuchtend hervorhebt, ist mit der Einsicht, der Tatkraft, der Aufopferung der Männer der Sozialversicherung, von Krankenkassen, Angestelltenversicherung und besonders der Landesversicherungsanstalten untrennbar verbunden. Und nur eines bleibt bedauerlich, daß die Sozialversicherungen mangels einer volkstümlichen Propaganda es versäumt haben, die Kenntnis davon im deutschen Volke so zu verbreiten, wie es der hohe Stand der von ihnen geschaffenen Einrichtungen verdient. Gewiß, auch dieses Werk ist nicht abgeschlossen und verlangt ständigen Ausbau. Schon fehlen Betten, um alle Betreuungsmaßnahmen in kürzester Frist durchführen zu können, die aus der außerordentlichen Beanspruchung des deutschen Menschen im Gefolge des epochalen Aufstiegs Deutschlands notwendig werden. Wir wissen es und fühlen die Lücke schmerzlich, die zu schließen, das RVA. durch die Bereitstellung großer Mittel vor dem Kriege entschlossen war. All dies aber kann das strahlende Werk der Heilfürsorge der LVAen in eigenen Anstalten nicht verdunkeln. Immer wieder wird die Gründung der Volksheilstätten, verteilt auf alle Bezirke der LVAen in Deutschland, Bewunderung erzwingen und von dem Pionierwillen der Männer der deutschen Invalidenversicherung auf dem Gebiete des Volksheilstättenwesens künden. Welche Fülle von klimatologischen, ärztlichen, sozialhygienischen, baulichen, wirtschaftlichen und verwaltungstechnischen Überlegungen war aufzuwenden, um diese Anstalten immer wieder auf den modernsten Stand zu bringen und zu erhalten. Nichts ist übereilt geschehen. Alle Maßnahmen sind gerade in den Jahren seit dem Umbruch Ergebnisse einer organischen Entwicklung, nur diktiert von dem zähen Willen, dem kranken Arbeiter zu dienen. Gegenüber der Zeit vor dem Weltkriege und kurz nach ihm, wie sehr hat sich seitdem der Charakter der Anstalten geändert! Während in früheren Jahren bei der Einweisung von Versicherten mit allgemeinen Krankheiten und bei Tuberkulose die leichten Fälle gegenüber den schwereren stark überwogen, ist heute das Verhältnis besonders bei Kreislaufkrankheiten und Tuberkulose fast umgekehrt. Wie damals z. B. die Volkslungenheilstätten wohldurchdachte Einrichtungen für leichtere Fälle mit fast ausschließlich konservativer Behandlung waren, sind sie heute zu vorbildlichen Tuberkulosekliniken mit modernsten Operationsmöglichkeiten ausgebaut worden. Und was für die Entwicklung der Volkslungenheilstätten der LVAen gilt, hat auch Geltung für den Auf- und Ausbau der übrigen eigenen Anstalten der LVAen. Das Landesbad Aachen der LVA. Rheinpr. z. B., angezeigt für die Behandlung rheumatischer Krankheiten, hat über die Grenzen Deutschlands hinaus einen begründeten Ruf in bezug auf seine gesamten heilfürsorgerischen Einrichtungen, seine ärztlichen Forschungs- und Behandlungsergebnisse erworben. Das gilt auch für die eigenen Anstalten der LVAen in Hinsicht auf die Behandlung sonstiger innerer Krankheiten, wie für Magen, Darm, Stoffwechselkranke, Bronchitiden, Herz- und Zuckerkrankheiten. So geht das Werk des deutschen Volksheilstättenwesens in seiner Gesamtheit, als Teil des ständigen Heilverfahrens, der Sozialversicherung und besonders den LVAen voraus als ein Gestirn, das niemals untergehen kann, solange deutsche Arbeiter in deutschen Anstalten Heilung suchen. Daß es dabei der LVA. nicht darauf ankam, sich durch den Besitz eigener Anstalten machtvoll auszudehnen, zeigt, daß die LVA. auch von fremden Einrichtungen überall dort Gebrauch machten, wo sie es im Interesse der Versicherten für notwendig erachteten. So ist es gekommen, daß die LVAen für die Durchführung ständiger Heilverfahren frühzeitig ihren Versicherten die deutschen natürlichen Heilquellen zugänglich machten. Die Bewilligung von Kuren für Nierenkranke in Wildungen, für Herzkranke in Nauheim und Oeynhausen, für Bronchitiker in Lippspringe, für erholungsbedürftige Kinder in Solbädern läßt den Willen der LVAen erkennen, in der Gesundheitsbetreuung des schaffenden deutschen Menschen und ihrer Angehörigen die Heilmittel dort zu suchen, wo sie den größtmöglichen Erfolg versprechen. Die Durchführung der ständigen Heilverfahren bleibt, wie schon erwähnt, betr. der Beitragsleistung, der Aufrechterhaltung der Anwartschaft und Erfüllung der Wartezeit an versicherungstechnische Voraussetzungen gebunden und ist dem Wesen der Versicherung nach nicht zu ändern. Der Versicherte selbst sollte nicht der eigenen Verantwortung enthoben werden. Nach Verlassen der Godesberger Richtlinien für die Durchführung von Heilverfahren sind aber auf Grund der Saarbrücker Richtlinien vom Jahre 1935 und der erweiterten Saarbrücker Richtlinien aus dem Jahre 1938 die versicherungstechnischen Voraussetzungen wesentlich erleichtert worden. „In dem Bestreben — heißt es im Vorwort der Saarbrücker Richtlinien — die Volksgesundheit im Sinne der nationalsozialistischen Staatsführung tatkräftig zu fördern und Heilverfahren wie Seuchenbekämpfung in der versicherten Bevölkerung unter restloser Auswertung der vorhandenen Mittel wirkungsvoller zu gestalten, verfahren die Träger der Invalidenversicherung nach einheitlichen Richtlinien“. Die Saarbrücker Richtlinien haben diese Milderung vorzugsweise für die Durchführung ständiger Heilverfahren bei Tuberkulose gebracht und zwar für Versicherte, ungenügend Versicherte und nichtversicherte im Haushalt des Versicherten lebende Familienangehörige. Außerdem aber haben sie bei der Durchführung von ständigen Heilverfahren allgemeiner Krankheiten es den LVAen freigestellt, ihrerseits für Jugendliche die versicherungsrechtlichen Voraussetzungen herabzusetzen. Gemäß Runderlaß des RVA. vom 21. 10. 1937 wurden dann bei Durchführung ständiger Heilverfahren die versicherungstechnischen Voraussetzungen bei Tuberkulose so weit herabgesetzt, daß praktisch für Versicherte ein einziger Beitrag und der Nachweis der ordnungsgemäßen Zugehörigkeit zur Invalidenversicherung für die Übernahme eines Tuberkuloseheilverfahrens genügt und bei tuberkulösen nichtversicherten Familienangehörigen von Versicherten

(Ehefrauen, Kinder, im Haushalt lebende sonstige Verwandte) dann, wenn der Ehemann oder Witwer ordnungsgemäß versichert ist. In allen diesen Fällen übernehmen die LVAen die vollen Kosten. Wenn damit die LVAen ohne Rücksicht auf die früher engere versicherungstechnische Einstellung ihren Willen zur Mitarbeit in der neuen großen Zeit unter Beweis gestellt haben, so haben sie in der Heilfürsorge für von der Krankenkasse ausgesteuerte Versicherte, sofern sie nicht über 65 Jahre alt und dauernd invalide, oder wegen der Folgen eines Betriebsunfalles krank waren, auf diesem Wege noch einen letzten bedeutsamen Schritt vorwärts getan. Wenn zusammenfassend dieses großzügige Vorgehen in der Durchführung von ständigen und noch zu besprechenden nichtständigen Heilverfahren und Maßnahmen der allgemeinen Gesundheitsfürsorge trotz alledem kein versicherungstechnisches Wagnis für die LVAen in bezug auf die Erhaltung der Leistungsfähigkeit ihrer Pflichtleistungen darstellt, so nicht zuletzt deswegen, weil alle gesundheitsfürsorgerischen Maßnahmen auf der Grundlage eines vorbildlichen vertrauensärztlichen Dienstes der Abteilung Invalidenversicherung aufgebaut sind. Er ist bei den einzelnen LVAen unterschiedlich geordnet, aber überall ist doch die einheitliche Ausrichtung auf die Übernahme der klaren Verantwortlichkeit in gesundheitsfürsorgerischer und finanzieller Hinsicht erkennbar. Bei der LVA. Rheinpr. als der größten LVA. — um ein Beispiel zu nennen — stellt der vertrauensärztliche Dienst Abteilung I.V. ein für das Wohl der Versicherten und der Versicherung gleichermaßen ausgebautes Sicherungssystem dar. Er gliedert sich peripher in die große Zahl der nebenamtlichen Vertrauensärzte für allgemeine Krankheiten, der nebenamtlichen Vertrauensärzte für Tuberkulose, die ausschließlich aus den Reihen der Leiter der Tuberkulosefürsorgestellen gewählt werden, in die hauptamtlichen Vertrauensärzte in Essen, Duisburg und Wuppertal und schließlich in die ärztliche Zentrale in Düsseldorf, besetzt mit ärztlichen Beratern von besonderer Erfahrung. Vorstationen zum Zwecke der Vorbegutachtungen von Heilverfahrens- und Rentenbewerbern sind außerdem für Zweifelsfälle eingerichtet. Auch der vertrauensärztliche Dienst der LVAen ist das Ergebnis einer organischen Entwicklung und demzufolge im Laufe der Jahre Veränderungen unterworfen gewesen. Seine Leistungsfähigkeit aber im Renten- und Heilverfahren ist vielfach unter Beweis gestellt, er schützt, um es nochmals zum Ausdruck zu bringen, den Versicherten wie die Versicherung vor Nachteilen, u. a. auch, was besonders herausgestellt zu werden verdient, im Sinne der Schadensverhütung durch Aufdeckung von Frühschäden. Wo darum kein zwingender Anlaß vorliegt, den vertrauensärztlichen Dienst der Abteilung I.V. in seinen Grundzügen zu ändern, sollte man Bewährtes belassen.

Frühzeitig auch haben die LVAen erkannt, daß sich die Gesundheitsbetreuung des schaffenden deutschen Menschen nicht auf die heilfürsorgerischen medizinischen Maßnahmen beschränken darf, daß vielmehr die Betreuung der Familie des Versicherten während des Heilverfahrens einen gewichtigen Faktor in der Durchführung von ständigen Heilverfahren für sämtliche Krankheiten darstellt und von ihr der Erfolg der Kur wesentlich abhängt. Im sogenannten Lübecker Abkommen, zuletzt im neuen Lübecker Abkommen vom Juli 1939 ist die Übernahme von Nebenleistungen für in ständige Heilbehandlung genommene Versicherte in einheitlicher Handhabung durch die Träger der Invalidenversicherung geregelt. Die Höhe der Sätze der Gewährung von Hausgeld während des Heilverfahrens, des Ersatzes von Lohnausfall an Stelle des Hausgeldes während einer Beobachtung zur Prüfung der Zweckmäßigkeit einer Heilbehandlung, die Gewährung von Taschengeld neben dem Hausgeld während des Heilverfahrens ist in diesem neuen Lübecker Abkommen einheitlich für alle LVAen festgesetzt worden. Auch diese Regelung ist eine Tat. Ob sie aber in Hinsicht auf das große gesundheitsfürsorgerische Ziel, das uns im neuen Deutschland vorschwebt, genügt, erscheint fraglich. Es ist ein offenes Geheimnis, daß trotz der Mehrleistungen, die die LVAen aus ihrem Vermögen, gemessen an der Zahl der erwerbsunfähigen Familienmitglieder, gestaffelt nach Ortsklassen, zu dem gesetzlichen Hausgeld gewähren, die Sätze oft nicht erreichen, um die Familien vor Not zu bewahren und den Versicherten die ruhige Durchführung der Kur zu gewährleisten. Ich habe schon zu wiederholten Malen auf diese Lücke hingewiesen und in meiner Schrift „Warum Winterkuren?“ praktische Vorschläge gemacht, um helfend eingreifen zu können. Ich stehe auch jetzt noch auf dem Standpunkte, daß die Krankenkassen betreffend ihrer sonst so vorbildlichen Erholungs-Entsendungsfürsorge Mittel und Wege finden müßten, um das gesetzliche Hausgeld entsprechend zu erhöhen. Hier ist m. E. nationalsozialistisch revolutionär zu verfahren und nicht zu warten, bis von anderer Seite die Lücke geschlossen wird. Und sie wird es eines Tages bestimmt, weil eine lückenlose Gesundheitsbetreuung des schaffenden deutschen Menschen immer wieder die Forderung erheben wird. Freilich, in das Hohelied von der Gesundheitsbetreuung des schaffenden deutschen Menschen durch die LVAen in Form von ständigen Heilverfahren für sämtliche Krankheiten wird hierdurch kein ernstlicher Mißklang getragen.

Wenn somit zusammenfassend innerhalb der Gesundheitsbetreuung des schaffenden deutschen Menschen das ständige Heilverfahren der Landesversicherungsanstalten in eigenen und fremden Anstalten für sämtliche Krankheiten eine gesundheitsfürsorgerische Großtat darstellt, ist es in seiner Art nicht weniger das nichtständige Heilverfahren für Versicherte gemäß § 1310 RVO. und für Nichtversicherte gemäß § 1252 RVO. Wir erinnern uns, daß das nichtständige Heilverfahren im Gegensatz zur stationären Behandlung des ständigen Heilverfahrens eine ambulante Heilmaßnahme darstellt. Ambulante Heilverfahren bei Geschlechtskranken und Lupuskranken, Zahnsanierungsmaßnahmen bei Jugendlichen, Gewährung von Zahnersatz bei Erwachsenen, die Beschaffung von künstlichen Gliedern, die Sicherstellung der Pneumothoraxnachfüllungen, die Gewährung von Insulingarantien bei Zuckerkranken gehören zum Aufgabenkreis des nichtständigen Heilverfahrens. Jede einzelne dieser Maßnahmen ist ein gesundheitsfürsorgerisches Programm für sich. Die reichlichen Mittel der LVAen, die für die Durchführung der nichtständigen Heilverfahren nach bestimmten Richtlinien aufgewendet werden, auch sie tragen reiche Früchte in der Gesundheitsbetreuung des schaffenden deutschen Menschen. Wir wissen, daß die Zahnsanierung der Jugendlichen und der Zahnersatz der Erwachsenen in der ganzen zivilisierten Welt zu einem gesundheitsfürsorgerischen Problem 1. Ranges geworden ist. Mit Hilfe der Sozialversicherungen wird Deutschland es lösen. In diesem Zusammenhange sind auch die Bemühungen der LVA. Rheinpr. Abtl. Krankenversicherung, um den Ausbau der Zahnsanierung der Schuljugend zu erwähnen und als Teilabschnitt eines Versuches anzusehen, in der Zahnfürsorge schaffender deutscher Menschen vom Kleinkind bis zum Erwachsenen keine Lücke zu lassen. Seitdem die LVAen für die Heilung von versicherten und nichtversicherten Lupuskranken in Form von ambulanten nichtständigen Heilverfahren und vereinzelten ständigen Heilverfahren die Lupusbeauftragten des nationalsozialistischen Deutschlands finanziell großzügig unterstützen, hat der Lupus viel von seinem Schrecken verloren. Die Erfassung der Lupuskranken, z. B. in der Rheinprovinz, ist seit 1934 erstmalig restlos durchgeführt, die Qualitätsdiagnose gestellt und die Behandlung in notwendigen Fällen eingeleitet. Trotz der großen Rezidivbereitschaft des Lupus ist der Erfolg der Lupusbekämpfung der letzten Jahre in Deutschland unverkennbar und berechtigt zu weiteren großen Hoffnungen. Ohne die erfolgreiche Mitwirkung der LVAen in der Lupusbekämpfung in obiger Form, sowie in der Bereitstellung von Geldern für den allgemeinen organisatorischen Auf- und Ausbau, wie er z. B. von unseren Lupusbeauftragten in der Rheinprovinz so vorbildlich vorwärts getrieben wird, wäre dieses Ergebnis nicht möglich gewesen.

Im Rahmen der Gesundheitsbetreuung des schaffenden deutschen Menschen in der Sozialversicherung in Form von ständigen und nichtständigen Heilverfahren nimmt der Kampf gegen die Volksseuchen Tuberkulose und Geschlechtskrankheiten, wobei die LVAen auch mit Maßnahmen der allgemeinen Gesundheitsfürsorge gemäß § 1252 der

RVO. stark unterstützend eingreifen, einen besonderen Raum ein. Nichts kann den LVAen den Anteil ihrer erfolgreichen Mitwirkung an der Bekämpfung der Tuberkulose schmälern. Auch nicht die Tatsache, daß trotz der Schnelleinweisung und trotz der vom Reichsversicherungsamt herausgegebenen Richtlinien für die Auswahl der zur Behandlung in Tuberkuloseheilstätten geeigneten Kranken, nur durch Bettenmangel bedingt, längere Wartezeiten in der Einleitung der Heilfürsorge entstehen und in der Fürsorge für nichtversicherte hilfsbedürftige Tuberkulöse zusätzliche Maßnahmen durch andere Organisationen verdienstvoll durchgeführt wurden. Solange den LVÄen darum die Aufgabe der Tuberkulosebekämpfung vom Führer zugewiesen bleibt, so lange auch sollten die LVAen ihre maßgebliche Stellung in der Tuberkulosebekämpfung zu behaupten suchen. Ihre jahrzehntelangen Erfahrungen sind nicht entbehrlich. Die Tuberkulosebekämpfung erschöpft sich nicht in einer einzigen Aufgabe, erst die Erfüllung mehrerer Einzelmaßnahmen gibt den Ausschlag für den Sieg über diese Volksgeißel. Maßnahmen der Erziehung, Aufklärung und Propaganda leiten den Kampf ein. Rückblickend haben die LVAen auch auf diesem Gebiete schon seiner Zeit viel getan. Die Einrichtung des Tuberkulose-Wandermuseums in der Rheinprovinz, aufklärende Vorträge vor Kranken, Fürsorgerinnen, Ärzten und in der Öffentlichkeit sind sichtbare Stationen auf diesem Wege. In der vor dem Kriege 1939 diskutierten Zentralregelung der Tuberkulosebekämpfung waren die Aufgaben betr. Erziehung, Aufklärung und Propaganda der Partei, bzw. ihren Beauftragten zugewiesen. Mit Recht! Nur die Partei besitzt die hierfür notwendigen Mittel und außerdem steht ihr diese Aufgabe als eine ausgesprochene Maßnahme der Gesundheits**führung** sowieso zu. Der endgültige Sieg über die Tuberkulose als Volksseuche ist weiterhin von der lückenlosen Erfassung aller Ansteckenden und Ansteckungsgefährlichen abhängig. Die Sozialversicherung, allen voran die LVAen, haben dies seit Jahren erkannt und entsprechend gehandelt. Vor 1933 waren für die Erfassung zuständig die Tuberkulosefürsorgestellen bei den Kreis- und den Stadt-Kommunalämtern. Die LVA. Rheinpr. hat sie gewissermaßen mit aus der Taufe gehoben und bis 1933 mit ihnen engste finanzielle und organisatorische Zusammenarbeit gepflogen. Als 1934 nach Gründung der Gesundheitsämter die ihnen angegliederten Tuberkulosefürsorgestellen gesetzliche Träger der Tuberkulosebekämpfung wurden, haben die LVAen sofort und unverzüglich ihre Hilfe beim Aufbau der Gesundheitsämter zugesagt und in die Tat umgesetzt. Eine Tuberkulosefürsorgestelle ohne Röntgen-Apparat arbeitet in bezug auf die Erfassung der Tuberkulose ins Blinde. Darüber gibt es keine Diskussion. Mit Zustimmung und auf Veranlassung des RVA. haben die LVAen die Gesundheitsämter u. a. auch bei der Beschaffung von Rö-Apparaten für die Erfassung der Tuberkulose in einem Umfange unterstützt, dessen Ausmaß vielmehr bekannt sein sollte, als es der Fall ist. Die LVAen wiederum sind es gewesen, die erkannt haben, daß die Maßnahmen der Tuberkulose-Erfassung allein durch die Tuberkulosefürsorgestellen nicht ausreichen. Die LVA. Rheinpr. hat deshalb von sich aus die Einführung des Fliegenden Tuberkulosearztes geschaffen, den Gedanken propagiert und ihn in der Rheinprovinz maßgeblich praktisch gefördert. Als dann die Betriebsuntersuchungen in den 4 Versuchsgauen 1938 durchgeführt wurden, erreichte die LVA. Rheinprovinz zusammen mit dem Amt für Volksgesundheit Gau Köln-Aachen die gleichzeitige Miterfassung aller unbekannten Tuberkulosen durch den Fliegenden Tuberkulosearzt. Der Gedanke war richtig, trotz der beachtlichen Ergebnisse die Methode der Durchleuchtung aber noch unzureichend. Mit der Einführung des Schirmbildverfahrens durch Janker-Bonn und Holfelder-Frankfurt/Main waren die technischen Schwierigkeiten der röntgenologischen Massenerfassung überwunden. Seitdem marschiert die Einführung des Volksröntgenkatasters. Er wird nur dann erfolgreich marschieren, wenn die Erfassung laufend, die Auswertung der Bilder qualitative Arbeit zeigt und für die aus der Erfassung notwendigen Maßnahmen eine genügende Zahl von Betten zur Verfügung stehen. Ohne die wertvolle Mitarbeit aller übrigen Organisationen zu verkennen, ohne die LVAen wird zur Zeit die Durchführung des Volksröntgenkatasters und seiner Auswertung kaum möglich sein. Das hat sich schon jetzt in Westfalen gezeigt. Die Tuberkulose ist eine soziale Krankheit. Solange nicht die Nachfürsorge, betr. Arbeits- und Berufsfürsorge des Kranken geregelt ist, bleiben alle Tuberkulosebekämpfungsmaßnahmen Stückwerk. Gerade diese wohl schwierigste Frage der Tuberkulosebekämpfung haben die LVAen in den letzten Jahren unter Führung des RVA. mit großem Ernst in Angriff genommen. Sie haben das Problem angepackt, wenn auch nicht gelöst. Das ist ihr Verdienst. Der Schlußstein jeder Tuberkulosebekämpfung ist der Schutz der Gesunden vor dem nicht mehr besserungsfähigen Kranken durch Absonderung. Die endgültige Form der Asylierung ist noch nicht gefunden. Die Meinungen gehen weit auseinander. Für gutwillige Kranke, die Zwangsasylierung, wie sie für asoziale angewandt wird, durchzuführen, hat große Bedenken. Noch beruht die Asylierung auf Freiwilligkeit des Kranken. Einige LVAen, z. B. die LVA. Rheinpr., hat für Rentenempfänger mit offener Lungentuberkulose schon seit Jahren gegen Abtreten der Rente oder eines Teiles die freiwillige Asylierung durchgeführt und dafür mit Erfolg das System der Dezentralisation auf Stationen in geeigneten Krankenhäusern gewählt. In allen jenen Fällen aber, in denen der Kranke zu Hause lebt, versucht die LVA. Rheinpr. auf dem Wege von Wohnungssanierungsmaßnahmen die Ansteckungsgefahr für die gesunde Umgebung des Kranken herabzumindern. Beihilfen für die Beschaffung von Bettzeug werden auf Antrag bewilligt, Mietbeihilfen und Zuschüsse für hygienische Verbesserungen der Wohnungen gewährt. Wenn schließlich im Zusammenhange mit den nachfürsorgerischen Maßnahmen noch der Tatsache Erwähnung getan wird, daß die LVAen laufend für über 1000 ambulante Pneumothoraxnachfüllungen von Kranken, die bei den Krankenkassen ausgesteuert sind, die Kosten tragen, dann dürfte es nicht schwer fallen, zuzustimmen, daß die LVAen auf dem gesamten Gebiete der Tuberkulosebekämpfung und damit auf einem der bedeutsamsten Gebiete der Gesundheitsbetreuung des schaffenden deutschen Menschen Weitblick und Tatkraft bewiesen haben und beweisen.

Sie haben es auch in der Bekämpfung der Geschlechtskrankheiten. Durch die Reichszählung 1927, die Angaben SPIETHOFF 1937 auf der Union Köln, die von GÜTZ 1937 in Warnemünde und zuletzt die Ergebnisse der Chediak-Untersuchungen im Rahmen der Betriebsuntersuchungen im Gau Köln-Aachen sind wir über den zahlenmäßigen Stand der Geschlechtskrankheiten und über ihre Bedeutung für die Volksgesundheit unterrichtet. Die neuen Aufgaben der Gesundheitsfürsorge, die Einführung des Ehegesundheitsgesetzes, die Gewährung von Ehestandsdarlehen, die Beihilfen für kinderreiche Familien, die bevölkerungs- und rassehygienischen Aufgaben stellten auch an die Bekämpfung der Geschlechtskrankheiten erhöhte Anforderungen. Um allen diesen Erfordernissen nachzukommen, ist es auf Grund des Runderlasses des Reichsversicherungsamtes vom Juli 1936 zur Gründung von Arbeitsgemeinschaften der Landesversicherungsanstalten und damit am 21. 9. 1936 auch zur Gründung der erweiterten 4. rheinischen Arbeitsgemeinschaft zur Bekämpfung der Geschlechtskrankheiten gekommen, einer Behandlungs- und Beratungsgemeinschaft auf der Basis von Einzelabkommen sämtlicher rheinischen Sozialversicherungsträger mit der LVA. Rheinpr. Es gilt für die Bekämpfung sämtlicher Geschlechtskrankheiten und umfaßt sämtliche Versicherte und deren anspruchsberechtigte Familienmitglieder (Frauen und Kinder), sowie die nichtversicherten Hilfsbedürftigen. Sinn und Zweck dieser Arbeitsgemeinschaft ist die frühzeitige und lückenlose Erfassung aller Geschlechtskranken, die Sicherstellung der Behandlung und Überwachung zur Beseitigung der Ansteckungsgefahr, die Ermittlung und Unschädlichmachung der Ansteckungsquellen, engste Zusammenarbeit mit den Gesundheitsämtern für die Durchführung der ihnen vom Gesetzgeber übertragenen Aufgaben. In der Bekämpfung der Geschlechtskrankheiten — ohne Übertreibung darf es gesagt werden — haben sich die Sozialversicherungen in Deutschland, besonders die rheinischen, in der Vergangenheit und Gegenwart in bezug auf die Gesundheitsbetreuung des schaffenden deutschen Menschen ein Ehrenmal errichtet und gleichzeitig ein Mahnmal für alle, von deren Mitwirkung die noch ausstehenden Entscheidungen bei der Schlußsteinsetzung des Baues der Arbeitsgemeinschaften abhängt. Noch sind z. B. die nichtversicherten Minderbemittelten, kleinen Bauern, Winzer, selbständige Händler und dergleichen im Falle ihrer Erkrankung nicht in den Betreuungskreis der rhein. Arbeitsgemeinschaften aufgenommen, noch sind z. B. innerhalb der rheinischen Arbeitsgemeinschaft einzelne Nur-Beratungsabkommen, nicht in Beratungs- und Behandlungsabkommen erweitert. Die Feuerprobe ihrer Leistungsfähigkeit aber hat die 4. rhein. Arbeitsgemeinschaft zur Bekämpfung der Geschlechtskrankheiten auch in Stunden erhöhter Anforderungen bestanden. Das gilt für den schon erwähnten Einsatz der Arbeitsgemeinschaft bei den Betriebsuntersuchungen in dem Versuchsgau Köln-Aachen, es gilt für den Einsatz ihrer Erfahrungen und ihrer Fürsorge bei den Maßnahmen zur Bekämpfung der Geschlechtskrankheiten unter den Westwallarbeitern und nicht zuletzt für den Einsatz im Kriegswinter 1939/40, als im Rheinland große Truppenansammlungen zur erhöhten Aufmerksamkeit zwangen. Die Ermittlung der Durchschnittskosten für die durchgeführten Heilverfahren Lues und Gonorrhoe und die Aufstellung der Behandlungskosten für die Beratungsstellen im Jahre 1939 haben gezeigt, daß die rheinische Arbeitsgemeinschaft auch sparsam arbeitet. Die Überwachung des Arzthonorars, die Überwachung des Arzneiverbrauches, die Aufwendungen für Blut- und Liquoruntersuchungen, die Überwachung der Einweisungen in Krankenhäusern durch die Beratungsstelle der LVA. Rheinpr. haben der rhein. Arbeitsgemeinschaft auch bei den Kostenträgern jenes Vertrauens gesichert, das es ermöglicht, die Gesundheitsbetreuung des schaffenden deutschen Menschen zu immer größeren Leistungen zu befähigen. Trotz des Krieges ist die Zahl der Geschlechtskrankheiten, entgegen der ursprünglichen Erwartung, im Verhältnis nicht gestiegen. Was bedeutet diese Feststellung allein für die Gesundheitsbetreuung des schaffenden deutschen Volkes, wenn wir an die Jahre des Weltkrieges zurückdenken. Das ist nicht ausschließlich ein Verdienst der Maßnahmen durch die Sozialversicherungsträger, gewiß nicht, die vorbildliche Arbeit der Militärbehörden und der Gesundheitsämter kann nicht übersehen werden, aber daß die Sozialversicherungen einen entscheidenden Anteil an dieser erfreulichen Feststellung haben, kann nicht geleugnet werden. Die Erfahrungen und die Umsicht der Arbeitsgemeinschaft werden eine Gewähr auch dafür bieten, daß die Gefahr zur Zeit noch verdeckter Spätfolgen in der durch den Krieg gefährdeten Bevölkerung erkannt und ihr rechtzeitig begegnet wird. Es ist selbstverständlich, daß von der Sozialversicherung bei der Verfolgung so bedeutsamer gesundheitsfürsorgerischer Ziele in der Geschlechtskrankenbekämpfung die Frage der versicherungstechnischen Voraussetzungen, die Regelung der Beitragsleistung des Versicherten niemals, ohne allerdings die Grundlagen der Versicherung zu verlassen, eng behandelt worden ist.

Rückblickend auf die bisherigen Ausführungen und überblickend die weiteren vielseitigen Aufgaben der LVAen im Rahmen der allgemeinen Gesundheitsfürsorge gemäß § 1252 RVO. — Gewährung von Beihilfen für die Einrichtung und Unterhaltung von Landkrankenpflegestellen, NS.-Schwesternstellen, Beihilfen für Rauschgiftbekämpfung, Beihilfen für die Bekämpfung des Krebses, Einrichtung und Unterhaltung von Trinkerfürsorgestellen, Beihilfen für die Rachitis-Bekämpfung der Kinder u. a. — könnte der Glaube aufkommen, daß die Sozialversicherung und besonders die LVA. ihre Maßnahmen der Gesundheitsbetreuung nur auf kranke deutsche Volksgenossen abgestellt hat. Das würde eine irrtümliche Auffassung sein. Immer sind die LVAen bemüht gewesen, durch vorbeugende Maßnahmen eine sinnvolle Schadensverhütung zu betreiben. Auf der Tagung des 3. internationalen Kongresses der Sozialversicherungsfachleute in Wien im Mai 1938 hat das Thema „Fürsorge für Gesunde als Aufgaben der Sozialversicherung" stärksten Widerhall gefunden. In dem Vorwort zu der Schrift „Die Abteilung Krankenversicherung der Landesversicherungsanstalt Rheinprovinz im Kampfe für die Volksgesundheit" hat Generaldirektor GOEBBELS, der Betriebsführer der LVA. Rheinprovinz, als das Ziel der Gesundheitsfürsorge in Großdeutschland die totale Betreuung des deutschen Menschen, des kranken, wie des gesunden, eindeutig bezeichnet und dabei gerade über den Einsatz des deutschen Arztes Programmatisches gesagt. Auf dem Kongreß in Wien habe ich die Maßnahmen für eine gesunde Lebensführung im Rahmen der Fürsorge der Sozialversicherung für Gesunde folgendermaßen unterschieden:

1. Maßnahmen in bezug auf die Bedeutung einer gesunden Lebensführung der Gesunden zur Verhütung von Krankheiten,
2. Maßnahmen in bezug auf die Bedeutung einer gesunden Lebensführung der Gesunden zur Verhütung des Eintritts eines vorzeitig gesunkenen Leistungswillens, bzw. Leistungsvermögens auf dem allgemeinen Arbeitsmarkt,
3. Maßnahmen in bezug auf die Bedeutung einer gesunden Lebensführung der Gesunden zur Unterstützung aller der allgemeinen Volksgesundheit dienenden Einrichtungen, vorzugsweise in bezug auf bevölkerungspolitische und rassenhygienische Aufgaben.

So betrachtet, wird erkenntlich, daß bereits eine größere Zahl der vorgenannten allgemeinen gesundheitsfürsorgerischen Maßnahmen der LVAen, wie sie durch Gewährung von Beihilfen oder wie z. B. beim Zahnersatz in Form von unständigen Heilverfahren gemäß § 1252 RVO. durchgeführt werden, nicht ausschließlich auf Kranke abgestellt sind, sondern bereits sehr wohl auch Maßnahmen für die Gesundheitsbetreuung des gesunden deutschen schaffenden Menschen darstellen. Dahin gehören in diesem Zusammenhange u. a. die Unterstützung der Einrichtung und Unterhaltung von Landkrankenpflegestellen für die besonderen Zwecke der hygienischen Beratung der gesunden Bevölkerung, die Unterstützung der Einrichtung von Diätlehrküchen, Gewährung von Beihilfen zur Wohnungsfürsorge zum Zwecke des Schutzes der Gesunden bei ansteckender Tuberkulose, Unterstützung der Betriebsuntersuchungen der Partei einschließlich ihrer hygienischen Arbeitsplatzüberwachung und ihrer leistungssteigernden Behandlungsmaßnahmen durch sogenannte Kurzkuren, Unterstützung der Einrichtung „Schönheit der Arbeit". des Jugendherbergswerks, der Einrichtung der Großfahrten und Zeltlager der HJ., der hygienischen Einrichtung der Landdienststellen. Hier verdient hervorgehoben zu werden, daß unter dem maßgebenden Gesichtspunkte der vorbeugenden Gesundheitsbetreuung neben den Landesversicherungsanstalten vorwiegend gerade auch die übrigen Sozialversicherungsträger Hervorragendes geleistet haben. Die mannigfachen Maßnahmen der vorbeugenden Gesundheitsfürsorge der Krankenversicherung, wie sie als Gemeinschaftsaufgabe seit dem 1. 7. 1939 den LVAen übertragen worden ist und sich teilweise mit den Maßnahmen der allgemeinen Gesundheitsfürsorge gemäß § 1252 Abtl. J.V. decken, sind vorzugsweise auf die Gesundheitsbetreuung des gesunden schaffenden deutschen Menschen abgestellt, und auch der Vertrauensärztliche Dienst der Abteilung K.V. ist es in seinen höheren gesundheitspolitischen Zielen.

So umfaßt, wie wir gesehen haben, die Gesundheitsbetreuung des schaffenden deutschen Menschen in der Sozialversicherung, besonders auch die der LVAen, die in meinen Ausführungen als Beispiel gewählt sind, in gleicher Weise 1. die Hilfe für den Kranken, und zwar vorzugsweise unter dem vorherrschenden Gesichtspunkte der Frühdiagnose von Frühschäden, und 2. die Fürsorge für den Gesunden, unter dem bestimmenden Gesichtspunkte der sinnvollen Schadensverhütung. Deutlich ist dabei in langen Jahren u. a. herausgestellt worden, daß sich die Heilfürsorge der Versicherten nicht in der Anstaltsheilbehandlung erschöpft. Die LVAen sind in ihren Maßnahmen immer dafür eingetreten, daß die Heilfürsorge für Versicherte erst dann den Anspruch einer volksgesundheitsfürsorgerischen Aufgabe ersten Ranges erheben kann, wenn sie gleichmäßig umfaßt die Vorsorge (hygienische Arbeitsplatzüberwachung usw.), die Erfassung, die Heilbehandlung und die Nachfürsorge, gleichgültig um welche Krankheit es sich dabei handelt. Immer ist im Rahmen der Heilfürsorge die Anstaltsbehandlung von den LVAen nur als eine sehr wichtige, ihnen allerdings zugewiesene, ans Herz gewachsene und darum zentrale Etappe angesehen worden. Viel, sehr viel ist geschehen, viele Aufgaben aber sind noch offen geblieben. Noch aber sind die Grenzen der Leistungsfähigkeit der LVAen in der Gesundheitsbetreuung nicht erreicht, dürfen es, wie bei jeder deutschen Menschen gestellten Aufgabe, auch niemals sein. Eine neue Wende scheint sich, wie schon eingangs angedeutet, in der Gesundheitsfürsorge des schaffenden deutschen Menschen anzukündigen. Nach dem alten nationalsozialistischen Grundsatz ist für das Wohl und Wehe Deutschlands immer gerade das Beste gut genug. Eine Synthese von dem brauchbaren, bewährten Alten und dem notwendigen Neuen in der Gesundheitsbetreuung des schaffenden deutschen Menschen wird darum auch in Zukunft in den Reihen der LVAen stets bereite Mitarbeiter finden, voll Hingabe und Kraft. Was im Einzelnen wird, wissen wir nicht. Wir sind zwischen Wehmut und Hoffnung. Daß aber auf den neuen Frühling in der Gesundheitsbetreuung des schaffenden deutschen Menschen ein langer, schöner und fruchtbarer Sommer folgen wird, voll heilenden Lichtes und wärmender Sonne für die kranken schaffenden deutschen Volksgenossen, auf daß sie wieder gesund werden und für die Müdegewordenen, auf daß sie wieder die ersten sind auf dem ihnen zugewiesenen Arbeitsplatze in unserem heiligen deutschen Vaterlande — alles dies, das wissen wir. Wir in der Rheinprovinz, von Beginn energische Vorkämpfer der Betriebsuntersuchungen im Dienste der Schadensverhütung und als solche bekannt, sind jedenfalls der festen Überzeugung, daß wir in den letzten Jahren unter der Führung von Generaldirektor GOEBBELS unser Bestes in der Gesundheitsbetreuung des schaffenden deutschen Menschen an Rhein und Ruhr getan und nach dem Goethe'schen Wort, mit dem ich meine Ausführungen begonnen, und mit dem ich sie beschließen möchte, gehandelt haben: „Die Erde wird durch Liebe frei, durch Taten wird sie groß.“

Die bedeutsamsten Gefahrenfaktoren in der Lebensversicherung, insbesondere der plötzliche Herztod (Kranzadertod).

Von

Dr. med. Jos. Boden,

Chefarzt der Concordia und des Gerling-Konzerns Köln.
Lehrbeauftragter an der Universität Köln.

Wenn man die Sterblichkeitstafeln der deutschen Bevölkerung aus den letzten 50 Jahren durchmustert, so findet man an der Spitze aller Todesursachen immer wieder drei große Gruppen: Die Infektionskrankheiten mit der Tuberkulose, den Krebs und die

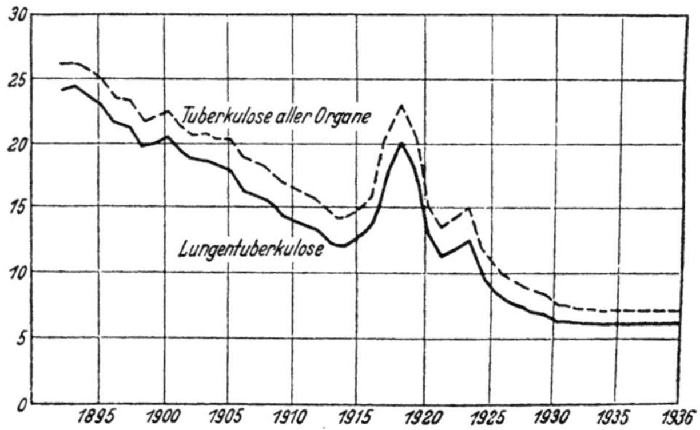

Abb. 1. Entwicklung der Tuberkulose-Sterblichkeit im Deutschen Reich in den Jahren 1892 bis 1936. Zahl der Sterbefälle auf 10 000 der Bevölkerung. (Aus FLÜGGE, Grundriß der Hygiene, 11. Aufl.)

Herz- und Kreislaufkrankheiten. Naturgemäß wirken sich diese Gruppen auch in der Lebensversicherung als die erheblichsten Gefahrenfaktoren aus. Jahrzehntelang stand die gefürchtete Tuberkulose an erster Stelle, auch heute noch macht sie die Hälfte aller Infektionen aus; aber ein Blick auf diese Kurve zeigt Ihnen den starken Rückgang im Laufe von 40 Jahren, ein sichtbares Zeichen der großzügigen staatlichen

Tuberkulosebekämpfung. Der gewaltige Kampf der medizinischen Wissenschaft gegen die Infektionskrankheiten spiegelt sich am deutlichsten darin wieder, daß innerhalb dieser fünf Jahrzehnte die mittlere Lebenserwartung um rund 22 Jahre angestiegen ist. Mit dieser Erhöhung der mittleren Lebensdauer steigt aber gleichzeitig die Zahl der höheren Altersklassen, und damit nehmen naturgemäß auch die Sterbefälle an den dem höheren Lebensalter eigentümlichen Krankheiten zu. Von der sogenannten „Altersschwäche“ sehe ich ab; sie ist ein sehr dehnbarer Begriff, hinter dem sich meist eine andere Todesursache verbirgt und die als reine „Verlegenheitsdiagnose“ aufzufassen ist. Einen hohen Prozentsatz unserer Gefahrenfaktoren nimmt aber dann der Krebs ein. Im Gegensatz zur Tuberkulose zeigen die Krebssterbefälle eine dauernde Zunahme. Wenn noch 1892 auf 10 000 Lebende 6,1, 1910 8,8 Todesfälle kamen, so waren es 1920 schon 9,6 und 1931 bereits 13,7. Und auch von da ab haben wir, wie Sie aus der folgenden Kurve ersehen, eine langsam steigende Tendenz bis auf 15 im Jahre 1935.

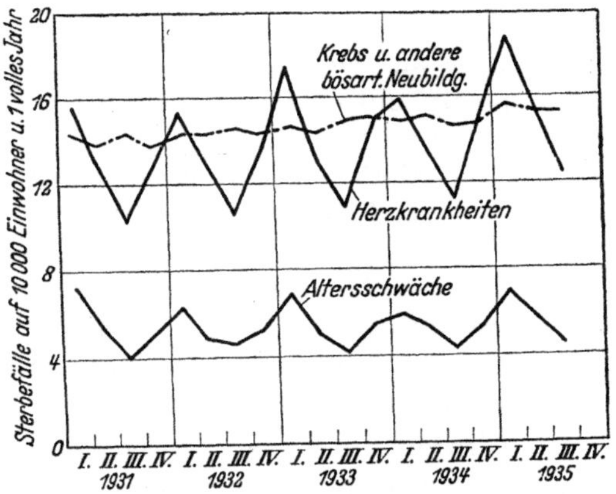

Abb. 2. Sterblichkeit an Herzkrankheiten, Krebs und Altersschwäche in den deutschen Großstädten nach Vierteljahren 1931—1935. (Aus POHLEN, Gesundheitsstatist. Auskunftsbuch).

Worauf beruht nun diese Progression der Krebsziffern? Die Statistiken sagen, daß die Sterblichkeit an Krebs mit dem Alter zunehme. Damit ist aber nicht gesagt, daß der Krebs eine reine „Alterskrankheit“ sei, denn auch im Alter unter 50 Jahren haben wir schon einen hohen Prozentsatz von Krebstod; der Gipfel der Todesfälle liegt nach PIRQUET bei 65 Jahren. Nun hat HAUBOLD[1] im Reichsgesundheitsamt Berlin vor kurzem auf Grund einer interessanten, großangelegten Wahrscheinlichkeitsberechnung, gestützt auf reiche Sektionsergebnisse, gefunden, daß die Hauptursache der Zunahme der Krebstod-Ziffern darin liege, daß heute, wie oben gesagt, jeder Durchschnitts-Deutsche 22 Jahre älter werde, als vor 50 Jahren, und daß deshalb heute mehr Volksgenossen „ihren Krebs erleben“, während sie früher vor seinem Aus-

[1] H. HAUBOLD, Statistik und volksbiologische Bedeutung des Krebses. Berlin 1937.

bruch gestorben sind. Ein zweiter Grund sei aber der, daß die Krebskrankheit von den Ärzten besser diagnostiziert werde und daß infolgedessen auch die Todesursachen-Statistik viel mehr „Krebsfälle" aufweise, die früher unter „Altersschwäche" und „unbekannter Todesursache" verschwanden. Es handle sich also nicht um eine Zunahme des Krebses im Sinne eines bösartigeren Wachstums oder frühzeitigeren Einsetzens der Krankheit, sondern — und das ist gerade für die Lebensversicherung von Wichtigkeit — um eine zunehmende Besetzung der älteren Jahresklassen mit der Diagnose Krebs. Keine Altersklasse zeige eine wirkliche Krebssteigerung.

Das ändert aber nichts daran, daß die Verlustziffern an sich immerhin noch so hoch sind, daß sie an zweiter Stelle marschieren. Da drängt sich die Frage auf: Ist, ähnlich wie bei der Tuberkulose, ein Absinken der Krebssterblichkeit für die Zukunft zu erhoffen? Als eine soziale Großtat ersten Ranges — die auch der Lebensversicherung zugute kommen wird — ist da die hohe bevölkerungspolitische Aufgabe zu begrüßen, die das Dritte Reich durch den „Reichsausschuß für Krebsbekämpfung" mit einer weitgehenden Aufklärungsarbeit und intensiver Erfassung der Frühfälle durch Beratungsstellen und Radiumzentralen (in Stettin, Berlin, Köln) übernommen hat. „Die jüngeren Krebskranken" — so lautet HAUBOLDS Mahnruf — „müssen wir um unseres Volkes, um unserer Arbeitskraft und unserer Familien willen mit allen Mitteln zu erhalten und zu heilen suchen! Die Alten sollen wir aber, da es sich um unsere Väter und Mütter handelt, wenigstens menschlich und anständig sterben lassen! Darum immer wieder: Krebsbekämpfung tut not!"

Als dritten, und zwar den bedeutendsten Gefahrenfaktor in der Lebensversicherung fürchten wir die Herz- und Gefäßkrankheiten. Aus den übereinstimmenden Ergebnissen aller Lebensversicherungs-Gesellschaften geht hervor, daß die Kreislauferkrankungen prozentual heute ein Drittel aller Sterbefälle ausmachen. Um einige der größeren Gesellschaften zu nennen, so gibt die Allianz für 1939 32,47%, Gerling 34,9%, Nordstern 34,7%, Viktoria 34,3⅓, Concordia 35,86% an. DOLL[1] (Karlsruher L.G.) berichtet eine Steigerung in den Jahren 1925 bis 34 von 21,53 auf 38,0%, KAEWEL[2] gab für die Hannoversche 1936 36,8% an. Aus den Feststellungen der Weltliteratur geht hervor, daß seit Beginn unseres Jahrhunderts die Erkrankungen der Kreislauforgane in einem rapiden Anstieg begriffen sind, und zwar in gleicher Weise in Deutschland, wie im Ausland, wie Ihnen z. B. für Amerika folgende Kurve beweist:

---

[1] H. DOLL, Blätter f. Vertr.-Ärzte d. Leb.Vers. 1935, H. 4; 1938 H. 2.

[2] KAEWEL, Bl. f. Vertr.Ärzte d. Leb.Vers. 1936 H. 4.

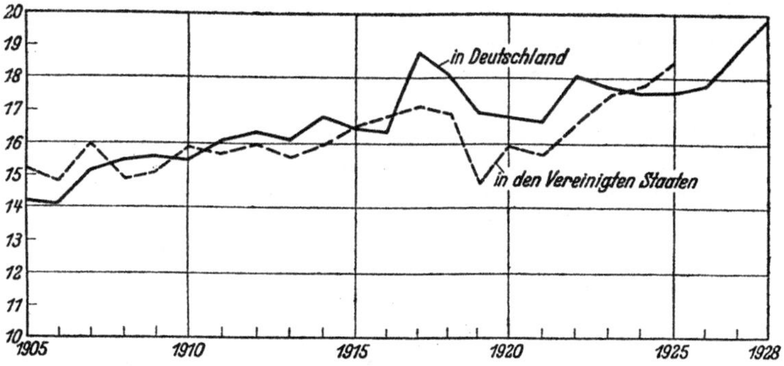

Abb. 3. Sterblichkeit an Krankheiten der Kreislauforgane in Deutschland und den Vereinigten Staaten von 1905 bis 1928. (Komitee für Kreislaufforschung. Nauheim 1931.)

Schon vor ungefähr 10 Jahren wurden auf der 1. Tagung des Nauheimer Wissenschaftlichen Komitees für Kreislaufforschung die Zirkulations-Störungen als eine wahre „Volkskrankheit“ bezeichnet. Die Berechtigung zu dieser These entnahm man einer vergleichenden Sterbetafel der Jahre 1905 bis 1928 (Tabelle 1), aus der sie die Steigerung der

Tabelle 1[1]: Von 10 000 der mittleren Bevölkerung starben:

im Jahre	insgesamt	an Tuberkulose	an Krebs	an Zirkulationsstörungen
1905	198,1	20,5	7,3	20,6
1910	161,9	16,3	7,9	21,5
1913	149,9	14,3	8,2	22,2
1920	150,9	15,4	8,7	22,6
1923	138,9	15,1	9,5	23,7
1925	119,4	10,7	10,2	24,2
1928	116,2	8,8	11,4	26,4

Sterblichkeitsziffern an Zirkulations-Störungen von 20,6 im Jahre 1905 auf 26,4 im Jahre 1928 auf 10 000 Lebende ersehen. — MEERBECK (Köln) verdanke ich aus der jüngsten Statistik für die Jahrgänge 1935—39 der Hanse-Stadt Köln folgende Steigerung der absoluten Zahlen: Bei einer Durchschnittsbevölkerung von 760 000 starben an Herz- und Kreislaufstörungen — unter absichtlichem Ausschluß des Gehirnschlags —

1935 rund 1500	1937 rund 1800	1939 rund 2100.
1936 „ 1700	1938 „ 2000	

Fragen wir nach den Faktoren, auf die diese allgemeine Zunahme zurückzuführen ist, so müssen wir zunächst, genau wie beim Krebs, einmal die Überalterung des Volkes, nach KOLLER etwa 30 bis 40%,

[1] Aus GROEDEL: Zirkulationsstörungen als Volkskrankheit.

und zum anderen wieder die Verbesserung der Todesursachenerfassung, also die bessere Diagnosenstellung, in Rechnung stellen. Was die verschiedenen *Altersklassen* angeht, so zeigt Tabelle 2 von GROEDEL,[1]

Tabelle 2[1]: Anteil der Kreislaufmortalität an der Gesamtmortalität in den einzelnen Altersklassen in Preußen 1928.

Alter	Krankheiten der Kreislauforgane männlich	weiblich
0—1	1,12	1,18
1—2	1,77	1,67
2—3	2,18	1,53
3—5	1,64	2,07
5—10	5,47	5,20
10—15	9,58	10,80
15—20	5,53	7,74
20—25	4,64	6,26
25—30	5,55	7,30
30—40	8,54	10,22
40—50	14,94	16,06
50—60	21,06	21,42
60—70	26,91	27,45
70—80	25,96	26,23
über 80	18,62	19,76

Tabelle 3[2]: Sterbeziffern in Bayern 1869/70, 1900/01, 1932.

Alter	1869/70		1900/01		1932	
Jahre	Männer	Frauen	Männer	Frauen	Männer	Frauen
			a) Kreislaufstörungen			
0	36,8	27,8	8,5	6,6	5,9	5,0
1 }	}		2,5	3,0 }	}	
2—4 }	3,2 }	4,0	1,2	1,2 }	1,0 }	0,7
5—9	1,6	1,6	1,2	1,2	0,9	1,2
10—19	2,1	2,1	2,1	2,4	1,0	1,2
20—29	3,0	2,7	3,3	3,5	1,6	1,8
30—39	5,3	4,7	7,3	7,5	3,1	3,3
40—49	12,2	10,2	17,7	16,7	9,4	9,3
50—59	26,4	23,2	48,0	42,4	35,4	34,3
60—69	63,4	54,7	117,1	121,1	115,5	117,5
70—79	122,9	108,3	232,7	232,0	316,0	318,0
80 u. m.	152,7	143,9	297,4	298,6	483,5	455,4

[1] GROEDEL, *Mitteilungen* d. wiss. Komites f. Kreislf.Forschg., Nauheim 1931.
[2] KOLLER, *Statistik* der Kreislaufkrankheiten 1936.

daß der Kreislauftod zwischen dem 40. und 80. Lebensjahr zwar einen sehr hohen Prozentsatz aufweist, daß aber auch schon zwischen dem 30. und 40. Lebensjahr rund 10% beiderlei Geschlechts an Kreislaufstörungen sterben. In allen Statistiken aber fällt erschreckend auf, z. B. aus der Tabelle 3 von KOLLER, daß plötzlich vom 40. Lebensjahr ab die Sterbeziffer auf das Doppelte und Dreifache ansteigt, und daß diese Verdoppelung Jahrzehnt auf Jahrzehnt anhält. Für 1933 gibt NEBENDAHL[1] (Kiel) folgende hohen absoluten Zahlen für die einzelnen Altersgruppen an: von 100 000 starben in Deutschland an Kreislaufstörungen

rund	2 000	Personen	im	Alter	von	15	bis	30	Jahren
„	5 000	„	„	„	„	30	„	45	„
„	12 000	„	„	„	„	45	„	60	„
„	32 000	„	„	„	„	60	„	70	„

In diesen Zahlen sind auch die Zahlen für Arteriosklerose enthalten. Für die größere Mehrheit aller Kreislaufkrankheiten aber spielt gerade die Arteriosklerose eine überragende Rolle, wie auch die jüngsten Veröffentlichungen aus dem pathologischen Institut der Universität Kiel beweisen. Die Frage, ob die Arteriosklerose als Krankheit oder als Abnutzungserscheinung aufzufassen sei, beantwortete 1938 HUECK[2] (Patholog. Institut Leipzig) mit folgender Formulierung: Arteriosklerose ist das bedeutsamste und am leichtesten faßbare Zeichen der fortschreitenden Abnutzung der Arterien. Diese Abnutzung des Kreislaufsystems, entweder primär, durch übertriebene mechanische Belastung, oder sekundär, durch herdförmige infektiöse Schädigung der Gefäßwände entstanden, ist heute wohl in erster Linie für die Zunahme der Kreislauftode aller Altersklassen verantwortlich zu machen. Die aber gerade bei Jugendlichen sich abspielenden Gefäßveränderungen, die sogenannte Praesklerose, bei denen besonders auch erbliche Anlagen mitwirken, spielen für die Lebensversicherung als Gefahrenfaktor eine überragende Rolle. Das Unheimlichste für die Lebensversicherung ist — wie schon STURM von der Münchener Rück-V.G. immer betonte — die Tatsache, daß die Herztodesfälle aus den höheren Altersklassen in die mittleren und jugendlichen abwandern. Wir sehen darin eine Erscheinung des „Frühversagens" von Herz und Kreislauf, das heute wahrscheinlich häufiger und früher, als es in vergangenen Zeiten der Fall war, zu den zahlreichen Verlusten an Menschenleben führt.

Spürt man diesem Abwandern der Herztodesfälle nach, so stößt man, wenn man die üblichen Erscheinungsformen der Herzklappen-

[1] G. NEBENDAHL, Zeitschr. f. Altersforschung 1939, H. 3.

[2] W. HUECK, Über Arteriosklerose. „Otto von Bollinger-Gedächtnis-Vorlesung", München M. W. 1938, H. 1.

fehler, der Altersapoplexie, der Hypertonie bei chronischen Nierenleiden ausschaltet, auf die Beobachtung, daß sich in den letzten Jahren die plötzlichen Herztodesfälle außerordentlich gehäuft haben. Klinik und Pathologie der deutschen Forscher haben daher ihr Augenmerk auf die Ergründung dieser auffallenden Erscheinung gerichtet und als eigentliche und letzte Ursache für den plötzlichen Herztod die Erkrankungen der Herz-Kranzgefäße, der Coronarien, gefunden, woraus sich dann die übliche Bezeichnung Coronartod oder Kranzadertod hergeleitet hat. Nicht berücksichtigt werden sollen hier die selteneren Fälle von plötzlichem Herztod aus anderer Ursache, wie Thymustod, Chloroformtod, Tod durch elektrischen Strom.

Nach einer neueren hervorragenden Veröffentlichung von 1939 aus dem Beobachtungsgut des Instituts für gerichtliche Medizin an der Universität Berlin (Prof. MÜLLER-HESS), das zu dem größten bisher bekannt gewordenen Material dieser Art zählt, wurde von HALLERMANN[1] durch den exakten Nachweis an etwa 2500 Leichenöffnungen plötzlicher Herztodesfälle, die dem Institut von 1931 bis 39 eingeliefert wurden, festgestellt, daß bei diesen gesamten tödlichen Herz- und Kreislauferkrankungen in 72% Coronarveränderungen verantwortlich zu machen waren. HALLERMANN bringt gleich im Anfang dieser großangelegten Arbeit ein typisches Beispiel: Ein 40jähriger Artist (Fall 954) steht dicht vor seinem Auftritt, will auf die Bühne hinauftreten und stürzt tot um. Die Sektion ergibt: Verschluß des linken absteigenden Astes der Herzkranzader durch Arteriosklerose mit Schwielenbildung in der Kammerscheidewand. Der Autor beschreibt dann u. a. weitere 210 sorgfältige Herzsektionen von Fällen, wo ebenfalls der Tod die Betreffenden auf der Straße, im Restaurant, in der Bahn, bei der Arbeit, in der Wohnung, in Versammlungen, im Gerichtsgebäude, im Kino oder Theater usw. ereilte. Viele solcher ganz gleich gerichteter plötzlicher Todesfälle gehen sowohl in den Büchern der Standesämter, wie in den Sterbeakten der Lebensversicherung und auch der Unfall-Versicherung unter der vagen Bezeichnung Herzschlag, Herzlähmung, Herzschwäche unter, ohne daß eine Leichenöffnung hier Klarheit schaffen konnte. Wir dürfen daher bei der enormen Zahl von 2500 durch Obduktion gesicherten Herzdiagnosen (unter 14148 allgemeinen Sektionen), in die auch alle Fälle von Herzhypertrophie bei Blutdrucksteigerung, Klappenfehler, Aortenlues, Aortenaneurysmen mit Durchbruch — aber ohne Apoplexien — eingeschlossen sind (die aber nur 28% betragen, während die restlichen 72% ausschließlich Kranzadertode waren), mit Rücksicht auf das eine Sondergebiet „Herz“ das Wahrscheinlichkeitsgesetz der großen Zahl anwenden und daraus einen

[1] W. HALLERMANN, Der plötzliche Herztod bei Kranzgefäßerkrankungen. Verlag F. Encke 1939.

Analogieschluß auf die Gesamtheit der Todesfälle durch Herz- und Kreislaufversagen ziehen.

„Um zu einer ganz gerechten Beurteilung zu kommen", schreibt HALLERMANN, „wird man auch Statistiken aus pathologischen Instituten heranziehen müssen, denen ja noch ein anderes Leichenmaterial zufließt". Ich habe daher mit freundlicher Erlaubnis des pathologischen Instituts der Universität Köln (Prof. LEUPOLD) zunächst an einem kleinen Material von etwa 2000 Sektionsprotokollen des einen Jahres 1939 die nachgewiesenen Coronartode zusammengestellt und auch eine relativ hohe Ziffer von ungefähr 44% der sezierten, wenn auch vielfach anders gearteten Herztodesfälle errechnet. Der von HALLERMANN gefundene außerordentlich hohe Prozentsatz von Kranzadertod, gerade in der Großstadt,[1] ist für die Lebensversicherung ein drohendes Fanal und mahnt zu größter Vorsicht in der ärztlichen Auslese. Die Frage dieser Auslese ist umso brennender, als wegen der Seltenheit zuverlässiger Sterbezeugnisse gerade dieser Gruppe von Risiken bisher nicht so große Beachtung geschenkt und die Gefahr der Coronarinsuffizienz nicht so durchschaut wurde, wie sie es heute verdient.

Wichtig für diese Auslese und die Erkennung solcher Fälle ist immer einige Kenntnis von den pathologisch-anatomischen Vorgängen: Worauf beruht der plötzliche Coronartod? Der Herzmuskel, der das ganze Kammersystem umschließt, wird bekanntlich ernährt durch die beiden Coronarien, die Kranzadern, eine linke und eine rechte, die der großen Schlagader am Rande der Klappen entspringen. Sie versorgen das linke und rechte Herz und sind durch zahlreiche Endausläufer miteinander verbunden. Tritt eine Störung in der Ernährung, also der Blutversorgung des Herzmuskels, durch Erkrankung einer oder beider Kranzadern auf, so muß naturgemäß das Herz versagen. Nun hat die neuzeitliche Forschung der letzten Jahre die Erkrankungsform dieser kleinen Kranzadern einwandfrei aufgedeckt und festgestellt, daß schon in ganz jugendlichem Alter in den Wänden dieser Kranzadern Fetteinlagerungen, vom 17. Lebensjahr an schon bindegewebige Veränderungen und vom 26. Lebensjahr ab ausgesprochene Verkalkungserscheinungen mikroskopisch festzustellen sind. Für das Alter zwischen 31 bis 40 Jahren ist nach den umfangreichen und klassischen Untersuchungen von ROESSLE[2] und von BÄHR[3] — von denen ich Ihnen einige Lichtbilder zeige — ein stetiges Ansteigen dieser langsamen Verkalkungsprozesse in den Herzkranzadern nachgewiesen. Durch diese Einlage-

[1] Eine Bestätigung dieser Zahlen bringt in allerjüngster Zeit E. JECKELN (Pathol. Inst. Lübeck): Plötzliche Todesfälle. Dtsche. Med. Wchschr. 1940, Nr. 45.

[2] R. ROESSLE, Maß und Zahl in der Pathologie 1932. — Virchows Arch. 1933.

[3] E. BAEHR, Atherosklerose der Herzkranzgefäße. Arch. f. Kreislaufforschung 1938.

rungen und Verdickungen in den Arterienwänden entstehen naturgemäß Verengerungen, die den Blutzufluß zum Herzmuskel verhindern und dadurch den Sauerstoff-Zustrom, der unbedingt für den Herzmuskel zum Leben erforderlich ist, gewaltig abschwächen. Und in dieser Sauerstoffverarmung, der sogenannten Anoxaemie der von BERGMANNSCHEN Schule (Berlin), liegt die Riesengefahr für das Herz. Man bezeichnet diese Zustände, bei denen also die Durchströmung der Kranzadern mit Blut für den Blutbedarf des Herzmuskels nicht mehr ausreicht, mit dem Ausdruck Coronar-Insuffizienz, Kranzaderversagen. Außer durch Verkalkung können die Kranzadern bekanntlich auch durch entzündliche, besonders syphilitische Krankheitsprozesse verengt werden; es können ferner Herzklappenfehler und andere übermäßige Belastungen des Herzens, wie erhöhter Blutdruck, die Versorgung der kleinen Kranzadern mit Blut derart einschränken, daß der Herzmuskel plötzlich zu wenig Sauerstoff bekommt und erstickt.

Je nach dem Grade dieses Sauerstoffmangels und der Möglichkeit für das kranke Herz, sich zu erholen, treten Vorboten auf, die Angina pectoris, das Asthma cardiale, der Herzmuskel-Infarkt. Sie alle sind drohende Anzeichen, da sie schließlich einmal zum plötzlichen Herztod führen können. Es gibt daneben aber eine große Anzahl von Fällen, wo keinerlei Vorboten vorhanden sind, wo bei scheinbar gesundem Allgemeinbefinden dieser plötzliche, sogenannte „Sekundenherztod“ (HERING) eintritt. Trotz äußerlicher Gesundheit ist auch hier das Herz lange Zeit vorher unmerklich in seiner Ernährung gestört, und es genügt nur eine oft unerhebliche plötzliche Umstellung der Kreislauflage, wie Wechsel der Körperhaltung, etwas größere körperliche Anstrengung, plötzliche Steigerung des Druckes im Brustraum, z. B. durch Blasen oder Pressen, stärkere Magenfüllung oder eine Erhöhung des Blutdrucks bei schnellem Treppensteigen, um den „Sekundenherztod“ auszulösen. Hierzu gehört auch der Tod durch plötzliche seelische Erregung, wobei es sich dann noch um eine besondere Störung der Nervenregulation des Herzens handelt.

In unfallversicherungs-rechtlicher Beziehung spielen übrigens diese Erscheinungen insofern eine wichtige Rolle, als der Zusammenhang zwischen einem Unfall und dem plötzlichen Herztod oft schwierig festzustellen ist. War der Unfall Ursache des Herztodes oder war der plötzliche Herztod Ursache des Unfalls? Zu fordern ist hier eine prozentmäßige Abschätzung der Mitwirkung des Unfalls bei der sogenannten krankhaften „Versagensbereitschaft“ des Herzens, um zu erkennen, ob auch schon irgendeine Verrichtung des täglichen Lebens genügt haben würde, den plötzlichen Herztod auszulösen. HALLERMANN bringt auch in dieser Beziehung bedeutsame und grundlegende Erörterungen.

Geht man nun den Ursachen nach, die den bedrohlichen Erscheinungen des Frühversagens des Herzens zugrunde liegen können, so muß man mannigfache Gründe, endogene und exogene, innere und äußere, dafür verantwortlich machen. Zu den ersteren, den endogenen Ursachen, gehört die erbliche Anlage[1] und die Konstitution. Schicksalsmäßig ist der eine Mensch mit einer starken, der andere mit einer schwachen Herzanlage geboren. Schicksalsmäßig reagiert daher die betreffende Konstitution auf die Einflüsse der verschiedenen Lebensperioden — Jugendzeit, Reifung, Blütezeit, Alter — mit der Kraft oder Unkraft des Herzens, mit genügender oder ungenügender coronarer Durchblutung, mit Hochdruck oder Tiefdruck des Gefäßsystems, die ihr mitgegeben ist. Diese erbliche Anlage wirkt sich, auch ohne ungewöhnliche Belastungen, immer, auch schon im frühesten Alter, wie Sie eben aus den demonstrierten Bildern der beginnenden Sklerose gesehen haben, schicksalsmäßig aus.

Was die exogenen Ursachen, die der Umwelt, angeht, so üben die Aufbrauchschäden des Lebens, die „Domestikation", wie Professor Bohnenkamp,[2] Freiburg, sich ausdrückt, mit ihrer Verweichlichung und Empfindlichkeit, mit ihrer vielfach überreichlichen und unzweckmäßigen Ernährung, anderseits die Leistungssteigerung im jetzigen lärmenden, ungesunden, überreizten und gehetzten Kampf ums Dasein, ebenso die Dauerschädigung durch Rauch, Staub und Motorgase einen ungünstigen Einfluß auf die verschiedenen Aufgaben des Herz- und Kreislaufsystems aus. Dazu kommen die Infektschäden, wie die vielen fieberhaften Katarrhe der Luftwege, Anginen, Grippe, Darminfektionen, Furunkulose, Gelenkrheumatismus und andere septische Erkrankungen, ferner die beruflichen Gewerbeschäden durch Blei, Giftgase und dergleichen, die Genußgifte Alkohol, Kaffee und speziell das Nikotin, dessen verderblicher Einfluß, zwar nicht generell, sondern nur im heutigen Übermaß, nach zahlreichen Untersuchungen als sehr hoch anzuschlagen ist, und schließlich die seelischen Reizzustände und Konflikte aller Art, die durch ihre dauernde Spannung imstande sind, bei leicht erregbaren Menschen die empfindliche Nervenregulierung des Herzens und das feine Wechselspiel zwischen Arbeitsleistung und Herzdurchblutung allmählich so zu stören, daß regelrechte organische Schäden entstehen. Daß übrigens Geistesarbeiter schwerer geschädigt

[1] In der Zeitschrift Der Erbarzt 1940, Oktoberheft, bringen O. H. Kahlen u. R. Weber aus d. Erbbiolog. Institut Frankfurt neuerdings folgende aufsehenerregende Mitteilung ihrer Untersuchungen: „Die Tatsache, daß bei den 5 bis jetzt bekannten eineiigen Zwillingspaaren in allen Fällen die Koronarsklerose bei beiden Paarlingen nachzuweisen war, weist eindeutig darauf hin, daß der Erbveranlagung für die Entstehung dieser Erkrankung eine ausschlaggebende Bedeutung zukommt."

[2] Bohnenkamp, Verh. d. Kongr. f. Innere Medizin. Wiesbaden 1940.

werden sollen, ist nach den Untersuchungen von BÄHR und HALLERMANN nicht erwiesen.

Bei diesem nachgewiesenen und durchaus begründeten Frühversagen des Herzens ergibt sich nun logischerweise die wichtige Frage: Kann sich die Lebensversicherung vor den steigenden Verlusten, die ihr durch diese gefährlichen Risiken drohen, schützen? Für die Zukunft eröffnet sich vielleicht eine günstige Perspektive dadurch, daß die neue großzügige staatliche Gesundheitsführung mit der Einführung ihres von frühester Jugend auf anzulegenden sogenannten „Gesundheitspasses" auch der Lebensversicherung zugute kommt, indem diese durch den Einblick in die Vorgeschichte schon wertvolle Anhaltspunkte für die Bewertung des einzelnen Risikos erhält. Voraussetzung ist dabei natürlich, daß sie von den Gesundheitsämtern zu diesem Einblick in die Gesundheitsstammbücher zugelassen wird. (Vgl. auch RUNCK 1936)[1]. Können wir aber, abgesehen von diesem Zukunftstraum, auch heute schon den drohenden Kranzader-Tod voraussehen, können wir ihn einigermaßen verhüten? Die einzige Antwort lautet: Nur durch die rechtzeitige Erkennung von schon früh auftretenden Krankheitszeichen des Kreislaufsystems sind wir imstande, die unerwartete Gefahr des vorzeitigen Todes vorauszusehen und evtl. durch Überweisen in geeignete Behandlung zu verhüten.

Ich betone ausdrücklich, daß es sich — angesichts dieses auch für die Lebensversicherung heute sehr aktuellen Problems der Frühschäden — bei der Aufnahmeuntersuchung hier also nicht um gut diagnostizierbare Herzklappenfehler aller Art oder deutliche, durch Elektrocardiogramm bewiesene Herzmuskelschäden handelt, sondern vorzugsweise um die Fälle, in denen das Herz noch keinerlei deutliche Zeichen von Leistungsunfähigkeit zeigt und doch schon krank in seinen feinsten Gefäßen, den Kranzadern, ist. Solche Fälle herauszufinden, ist heute für die Lebensversicherungs-Medizin die Forderung des Tages. Dem Vertrauensarzt steht dafür jedoch keine Klinik, sondern nur zwei einfache Methoden zur Verfügung, die Anamnese und die Sprechstunden-Untersuchung.

Was 1. die Anamnese angeht, so gehört zu einer guten Ausfragung zunächst eine kluge Orientierung über den Beruf des Antragstellers und die dadurch bedingten seelischen und körperlichen Belastungen. Jeder Antragsteller ist geneigt, sich möglichst gesund zu bezeichnen und keinerlei Beschwerden zu äußern. Die Coronar-Insuffizienz verläuft aber nun, wie gesagt, häufig ohne alle Krankheitszeichen. Allein schon deshalb ist Vorsicht geboten. Gibt aber der Antragsteller gewissenhaft oder auf geschickte Fragestellung des Untersuchenden kleinere Beschwerden, wie zeitweise leise Herzstiche, leichte Beklemmungen, Verminderung der beruflichen Leistungsfähigkeit an, so ist sie doppelt

[1] F. RUNCK, Bl. f. Vertrauensärzte d. Leb.Vers. 1936, H. 1.

geboten, zumal dann, wenn auch in der Familien-Heredität Herztodesfälle vorgekommen sind. Findet der Vertrauensarzt trotz der geklagten Beschwerden keine direkt nachweisbaren Abweichungen, so darf er sich dennoch nicht mit der bisher üblichen Verlegenheits-Diagnose „Herzneurose“ begnügen, sondern muß, natürlich ohne den Antragsteller zum Hypochonder zu machen, besonders eingehend untersuchen. Auch der Revisionsarzt wird sich heute die Mitteilung des Hausarztes über eine „Herzneurose“ mit größerer Vorsicht ansehen. Es steht dem Vertrauensarzt dann weiter zur Verfügung

2. der Untersuchungsbefund. Es handelt sich dabei vor allem darum, die Funktion des Herzens und seine Leistungsfähigkeit so genau festzustellen, wie es möglich ist. Wohl ist eine große Zahl von wertvollen Belastungsproben gefunden worden, die für die Klinik geeignet sind — ich erwähne nur kurz den Bürger-Valsava-schen Preßversuch, die Atmung in sauerstoffarmer Luft nach DIETRICH und SCHWIEGK, die Sphygmographie nach BRÖMSER und vor allem die gasanalytischen, überall heute als bahnbrechend anerkannten ergometrischen Methoden der Leistungsprüfung nach KNIPPING (Köln) — aber für die Lebensversicherung kommen nur solche Methoden in Frage, die für den Kandidaten nicht belästigend, wenig zeitraubend und doch einfach und zuverlässig genug sind, etwa vorhandene Störungen erkennen lassen. Genügen sie nicht zur Klärung, so wird die Versicherungs-Gesellschaft, besonders bei höheren Risiken, auf wichtige, wenn auch etwas umständlichere Methoden keinesfalls verzichten können, um sich über die Tragbarkeit des Risikos Gewißheit zu verschaffen. Hier macht die Lebensversicherungs-Medizin die ihr geeignet erscheinenden, aber trotzdem immer nur auf das Notwendigste beschränkten Vorschläge, und zwar aus praktischen Gründen:

Es ist ein großer Unterschied zwischen einer medizinischen Wissenschaft, die das Ziel der Heilung des Kranken im Auge hat, und der Lebensversicherungs-Medizin, die eine Hilfswissenschaft der Lebensversicherung ist und die auf die Interessen des umfangreichen Geschäftsbetriebes Rücksicht nehmen muß. Sie darf deshalb in der Auslese nicht zu streng sein, damit die ärztliche Wissenschaft nicht der Feind der Lebensversicherung werde, aber sie muß doch, wie HÖRNIG[1] auf dem letzten internationalen Kongreß für Lebensversicherungs-Medizin in Paris im vorigen Jahre unterstrich, immer im Auge behalten, daß Schadenverhütung der Schadenvergütung vorausgehen solle.

Bei der außerordentlichen Wichtigkeit der Schadenverhütung gerade bei unseren Herztodesfällen muß daher von den Vertrauensärzten heute eine sorgfältigere Herzuntersuchung als bisher verlangt werden; es muß versucht werden, ob es nicht möglich ist, die bisher

[1] P. HOERNIG, Bl. f. Vertrauensärzte d. Lebs.Vers. 1939, S. 74.

benutzten einfachen Untersuchungs-Methoden weiter auszubauen und erprobte verfeinerte Prüfungen mit heranzuziehen. Das gilt besonders von der Blutdruckmessung, worauf schon ENGELEN[1] (Köln), sowie K. L. SCHMITZ[2] (Düsseldorf) mit seiner sehr brauchbaren modifizierten Hunter'schen Druckmessung hingewiesen hat. Zweckmäßig ist vor allem prinzipiell die Verwendung einer Truppe von gutvorgebildeten, von den Gesellschaften besonders ausgewählten Internisten, denn diesen ist es in Fleisch und Blut übergegangen, daß, wie der ganze Organismus, so auch das linke Herz, gemeinsam mit dem arteriellen Gefäßsystem, eine geschlossene, funktionelle Einheit ist, von deren Unversehrtheit die normale Regulation des ganzen Kreislaufes abhängt. Und auf die Prüfung dieser Regulation des Kreislaufs kommt es an, und auf nichts anderes, will man Frühschäden entdecken.

Voran geht natürlich die übliche klinische Festsetzung der Herzgrenzen und das Abhorchen auf Reinheit der Töne und auf Geräusche. Dann folgt die Leistungsprüfung, und zwar zunächst die einfache Probe des willkürlichen Atemanhaltens. Der Gesunde kann im Liegen 40 Sekunden den Atem anhalten, der kompensierte Herzkranke nach STRAUB[3] 34 Sekunden, der dekompensierte nur 19 Sekunden. Liegt demnach eine Kreislaufstörung vor, so ist sie schon an der Atembedrängnis abzulesen.

Ist die Zahl der Sekunden notiert, so folgt die Regulationsprüfung. Zur Zeit ist meines Erachtens die 1938 veröffentlichte Methode von SCHELLONG (Heidelberg) die Methode der Wahl und in ihrer vereinfachten Form leicht anwendbar. Dabei muß beim Antragsteller nur das eigenartige Verhalten von Blutdruck und Puls vor allem im Liegen, dann erst im Stehen und dann nach Belastung mehrmals in Abständen von je 1 Minute festgestellt werden. In aufrechter Stellung zeigt Puls und Blutdruck ja nur das Verhalten des Gefäßsystems und des Nervensystems an, nicht aber Herzschädigungen irgendwelcher Art. Notwendig ist daher folgendes:

1. Messung im Liegen. Man mißt Blutdruck und Puls nach einer Minute ruhigen Liegens, dann nach zwei Minuten, und notiert die Zahlen. Manschette bleibt nun am Arm.

2. Messung im Stehen, und zwar
   a) sofort nach dem Aufstehen,
   b) nach einer Minute,
   c) nach zwei Minuten.

---

[1] P. ENGELEN, Bl. f. Vertrauensärzte d. L.V. 1938, H. 1.

[2] K. L. SCHMITZ, Bl. f. Vertr.Ä. d. L.V. 1936, H. 2.

[3] H. STRAUB, Kongr. f. Innere Medizin, Wiesbaden 1938.

3. Messung nach Belastung mit 10—20 Kniebeugen, und zwar
   a) sofort,
   b) nach 2 Minuten,
   c) nach 4 Minuten.

Prinzipiell muß natürlich der systolische und der diastolische Blutdruck, und zwar am rechten Arm, nach der üblichen Korotkoffschen Methode gemessen werden, die heute jeder Internist beherrscht. Anzustreben ist übrigens die Blutdruckmessung nicht erst vom 40., sondern schon vom 30. Lebensjahre ab. Zu merken sind nun folgende einfachen wissenschaftlichen Forschungsergebnisse SCHELLONGS: Im Stehen steigt der systolische Blutdruck meist etwas an; sinkt er dagegen, so gilt folgendes Gesetz: Sinkt der systolische Blutdruck im Stehen um höchstens 15 mm, während der diastolische gleichbleibt, so besteht noch eine gute Kreislauf-Regulation; sinkt der systolische Blutdruck aber mehr, also über 15 oder sogar 20 mm ab, so liegt der Verdacht auf eine Regulations-Störung vor. Der diastolische Blutdruck bleibt dabei, wie gesagt stehen oder steigt ein wenig an; steigt oder sinkt aber auch der diastolische Blutdruck beträchtlich (10 mm), so spricht auch dies für den Verdacht auf Regulations-Störung. Nach Belastung steigt der systolische Blutdruck an (bis 40 mm), muß aber nach 4 Minuten zum Anfangswert zurückgekehrt sein. Der diastolische darf nur 10 mm ansteigen. Sinkt der systolische und der diastolische Blutdruck nach Belastung, so liegt eine Insuffizienz vor.

Es handelt sich also bei diesem Verfahren nur um eine geringe Ausdehnung der bisher üblichen Blutdruckmessung, ohne größere Apparatur, und diese müßte im Formular des ärztlichen Untersuchungsattestes durch obige präzise Fragestellung gefordert werden. Die Mehrarbeit bedeutet für den Vertrauensarzt allerdings etwas größeren Zeitaufwand.

Wird nun durch diese einfache, gewissermaßen als gute Tastprobe anzusehende Methode eine Regulations-Störung vermutet — und das ist schon wertvoll — so wird natürlich die Aufnahme in die Lebensversicherung zweifelhaft. Zur genaueren Klärung des Falles ist alsdann nach SCHELLONG unbedingt ein E.K.G. erforderlich. Zeigt dieses E.K.G. eine Verkürzung der Systolendauer[1] nach der Belastung mit 10—20 Kniebeugen an, so ist das Herz als gesund anzusehen; bleibt die Verkürzung aus oder tritt Verlängerung ein, so liegt eine geringere muskuläre Aktivität des Herzens, bedingt durch eine Coronar-Insuf-

[1] H. LACHMANN, Leipzig, empfiehlt zur Feststellung der verkürzten Systolendauer statt des umständlichen Schellongschen schnellaufenden Films ein sehr brauchbares Projektionsverfahren mittels eines kleinen Episkops. (Monatsschrift für Unfallheilkunde 1940, Nr. 2.)

fizienz vor, die nun zur größten Vorsicht zwingt[1]. Durch wiederholte E.K.G.-Aufnahmen muß dann natürlich festgestellt werden, ob ein Dauerzustand oder nur eine vorübergehende Coronar-Insuffizienz vorliegt. Von überragender Bedeutung ist bekanntlich die Senkung der S-Tzacke unter die isoelektrische Linie in Ableitung I und II oder in III und II. Sie deutet auf ungenügende Durchblutung der Kranzadern hin. Das negative Verhalten der T-Zacke in den ersten beiden Ableitungen des Belastungs-E.K.G. aber schließt jede Versicherungsmöglichkeit aus. 60% solcher Fälle starben nach der großen Sammelstatistik von DRESSLER (Wien) durchschnittlich schon innerhalb von 12 Monaten nach der Untersuchung.

Als Ergänzung der einfachen, sowie der elektrocardiographischen Regulations-Prüfung steht dann der Lebensversicherungs-Medizin noch ein zweites Sicherungsverfahren zur Verfügung, das Röntgen-Kymogramm, das uns große Fortschritte zur weiteren Erkennung solcher Frühschäden gebracht hat. Eine normale Röntgenaufnahme bietet ebensowenig wie ein normales E.K.G. die Sicherheit dafür, daß das Myocard, der Herzmuskel, oder die Herzkranzgefäße wirklich völlig einwandfrei sind. Das Kymogramm aber, d. h. das Röntgenbild, das durch ein bestimmtes Rasterverfahren die einzelnen Abschnitte im Herzen und deren einzelne Aktionsformen zur Darstellung bringt, läßt uns erkennen, daß einzelne kleinere Teile der Herzmuskulatur nicht richtig arbeiten, also geschädigt sind. Arbeitet der ganze Herzmuskel normal, ist also das Herz gesund, so sehen wir bei jeder Zusammenziehung des Herzens eine spitzwinklige Zacke, beobachten wir aber bei einzelnen Schattenzacken der Kontraktion ein Stumpferwerden oder eine sogenannte „Plateau-Bildung“, wie Sie auf dem Bilde sehen[2], so ist der Herzmuskel an der betreffenden Stelle geschädigt.

Ein klassisches Beispiel für den Wert und die Wichtigkeit der Anwendung des Kymogramms brachte auf dem letzten Kongreß für innere Medizin in Wiesbaden Professor BOHNENKAMP (Freiburg), dessen Mitarbeiter REINDELL an einer Gruppe von 800 gesunden Hochleistungs-Sportlern, darunter 20 Olympia-Siegern und Weltmeistern, durch lange Beobachtungsreihen nachwies, daß Herzen, die in der Ruhe mit allen Methoden keinerlei krankhafte Anzeichen aufwiesen, erst nach Belastung im Kymogramm, sowie dann auch im E.K.G., sichere Anhaltspunkte dafür gaben, daß eine Herzmuskelschädigung vorlag. Das Herz des Sportlers paßt sich den betreffenden Sportleistungen an. BOHNEN-

[1] W. HOLLMANN, Zeitschr. f. ä. Fortbildung 1940, Nr. 2, hält gerade dieses Schellongsche EKG-Kriterium für wichtig zur Frühdiagnose bei Jugendlichen mit Angina pectoris nervosa, aus der sich so oft Mitte der 40er Jahre dann eine Angina pectoris vera entwickele.

[2] Die Lichtbild-Demonstrationen fallen hier wegen Raummangels weg.

KAMP zeigte nun als Beispiel der Frühdiagnose dieses Kymogramm[1] eines nicht mehr besonders leistungsfähigen Sportlers, der sein Training stark übertrieb. Das Herz in Ruhe zeigt eine ausgiebige Pulsation, kenntlich an den spitzen Zacken; nach einem 2500 Meter-Lauf zeigte das Herz 6 Minuten nach dem Lauf die Muskelpulsation stark herabgesetzt, sogenannte stumme Zonen. Auch das E.K.G. zeigte Veränderungen, die deutlich für eine Sauerstoffverarmung des Herzens, eine beginnende Coronar-Insuffienz sprachen.

Die Anwendung der Kymographie bei wichtigen Risiken der Lebensversicherung verursacht nicht mehr Kosten, als ein einfaches Röntgenbild. Übrigens wird durch die jüngsten technischen Fortschritte des sogenannten Röntgen-Schirmbild-Verfahrens nach JANKER (Bonn), wie es bei den bekannten Reihenuntersuchungen fast in jeder größeren Stadt schon geübt wird, ermöglicht, von jedem nicht einwandfreien Antragsteller ein kleines Übersichtsbild von Lunge und Herz mit ganz geringen Kosten (etwa RM. 1.20) zu erhalten, und den Akten gewissermaßen als Paßbild hinzuzufügen, von dem gegebenenfalls eine beliebige Vergrößerung zu eben so niedrigen Preisen hergestellt werden kann. Wir haben im Gerling-Konzern die Anwendung dieser Untersuchungsmethode bereits in einigen Fällen eingeführt. Die Verwendung des Kymogramms und des Elektrocardiogramms in der Untersuchungstechnik der Lebensversicherung zur Erkennung von Herzfrühschäden ist zunächst noch als Spezialmethodik besonders geschulten Ärzten mit großer Erfahrung vorbehalten, deren Urteil in kritischen Fällen eingeholt wird. Die allgemeine Handhabung der vereinfachten SCHELLONGschen Regulations-Prüfung aber — im Sinne einer aufschlußreicheren Blutdruck-Analyse zur Aufdeckung von Verdachtsfällen — dürfte keineswegs unmöglich, sondern, wie einstmals die Einführung der Urin-Untersuchung und der einfachen Blutdruckmessung, eine Frage der Zeit und des fortschrittlichen Wettbewerbes sein.

Was nun die Versicherungstechnik bei begründetem Verdacht auf Herzfrühschäden angeht, so wird sich die Lebensversicherung in der Weise gegen die Gefahr dieser Risiken schützen, daß sie entweder die Entscheidung auf 6 Monate zurückstellt oder den Versicherungsschutz vorsorglich nur gegen einen Prämienzuschlag und mit Staffelung der Auszahlungssumme gewährt. Entgegenkommend können jüngere Antragsteller bei sonst einwandfreiem Untersuchungsbefund mit der Vergünstigung behandelt werden, daß sie, wenn bei E K.G.-Nachprüfungen von 2 zu 2 Jahren nach 6 Jahren die Bedenken durch normalen Befund ausgeräumt sind, in normale Risiken umgewandelt werden können. Häufig heilen ja z. B. leichte Infektschäden des Herzens nach einigen Jahren völlig aus.

[1] Demonstration.

*

Meine Damen und Herren! Die Erörterungen über die bedeutsamsten Gefahrenfaktoren in der Lebensversicherung, von denen also zur Zeit die plötzlichen Herztodesfälle durch Kranzader-Insuffizienz mit an der Spitze stehen, wären aber nicht vollständig, wenn man nicht auch noch eine weitere Möglichkeit der Schadensverhütung, etwa durch Veranlassung zweckmäßiger frühzeitiger Behandlung erwägen würde. Einen direkten Einfluß auf eine solche ärztliche Betreuung hat die Lebensversicherung nicht und darf ihn nicht haben, da er versicherungstechnisch bedenklich wäre. Wohl aber hat sie einen indirekten Einfluß, und zwar in der periodischen Untersuchung und Überwachung dieser erhöhten Herzrisiken durch ihren sogenannten „Gesundheitsdienst". Heute besteht bei fast allen deutschen und ausländischen Gesellschaften diese Einrichtung des Gesundheitsdienstes mit dem unausgesprochenen Ziele einer Lebensverlängerung der Versicherten. Bei dieser periodischen Gesundheitsberatung gewähren die Gesellschaften ihren Versicherten von einer wechselnden Versicherungssumme an kostenlos die Möglichkeit, sich bei freier Arztwahl (in Amerika nur in bestimmten Zentralen) in regelmäßigen Abständen untersuchen und beraten zu lassen. Der Zweck dieses Angebots ist nur der, jeden Versicherten an regelmäßigen Arztbesuch zu gewöhnen und ihm durch Übernahme der Untersuchungskosten eine wesentliche Hemmung wegzunehmen. Die Gesellschaften selbst erhalten darüber keinerlei Mitteilung, weil der Versicherte sonst zu leicht die Untersuchung als geheime Kontrolle beargwöhnen und vermeiden würde. Die Inanspruchnahme dieses Gesundheitsdienstes hat in steigendem Maße zugenommen, wie Sie aus Abb. 4 ersehen.

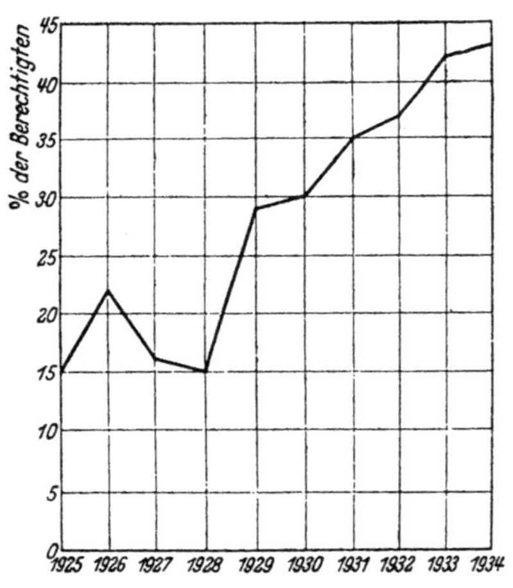

Abb. 4. Anstieg der periodischen Untersuchungen in Deutschland. (Deutsche Zentr. f. Gesundheitsdienst d. L.V.)

Von Interesse ist auch die Beobachtung in der folgenden Tabelle[1], wie sich die Beteiligung auf die einzelnen Länder und Gesellschaften auswirkt.

Die heutige politisch-weltanschauliche Auswirkung der periodischen Untersuchungen des Gesundheitsdienstes besteht nach den Leitsätzen des Hauptamtes für Volkswohlfahrt darin, daß „die Lebensversicherung, als eine die verschiedenen Sparbestrebungen in idealer Weise betrei-

[1] Lichtbild-Demonstration.

bende Einrichtung, als Selbstschutz den Wohlfahrtsbestrebungen des Staates zur Seite tritt. In dieser staatspolitisch so wichtigen Richtung stößt der sogenannte „Gesundheitsdienst" weiter vor: er trägt den Selbstschutzgedanken durch seine Aufklärung — in Form von Merkblättern und Broschüren — nicht nur weiter, sondern er drückt ihm auch das Gepräge freier Verantwortung auf, und zwar durch den greifbaren Wert des klugen Angebots, sich periodisch auf seinen Gesundheitszustand untersuchen zu lassen.

Ist dieser Wert wirklich greifbar oder wenigstens wahrscheinlich? Ja, denn in zahlreichen statistischen Bearbeitungen, u.a. von STURM,[1] Elfriede KUHR,[2] BANZHAF,[3] um deutsche Ärzte zu nennen, ist für europäische Verhältnisse die Wirkungsmöglichkeit der periodischen Untersuchung auf die Verhütung vieler vorzeitiger Todesfälle festgestellt worden. Als erste deutsche Gesellschaft hat dann die „Alte Leipziger" in einer vorläufig noch kleinen Beobachtungsreihe aus den Jahren 1931 bis 1933 eine beachtliche Mindersterblichkeit von 20,9% der periodischen Untersuchungen im Vergleich zu der Sterblichkeit der übrigen mehr als 3 Jahre Versicherten festgestellt. Bei dieser Beobachtung zeigte sich, daß 67% der berechtigten Versicherten von der periodischen Untersuchung Gebrauch gemacht hatten. Zu diesen Berechtigten gehörten auch die durch mindere Gesundheit erhöhten Risiken.

Hieraus ergibt sich ohne weiteres der Wert der periodischen Untersuchung — genau wie bei Tuberkulose, Krebs, Diabetes, Schrumpfniere — so auch zur Verhütung vorzeitiger Todesfälle bei unserem größten Gefahrenfaktor, dem Kranzadertod: Ist durch die hochentwickelte moderne Diagnostik die Möglichkeit gegeben, die oft lange Zeit ohne auffällige Symptome verlaufende, schwer lebensbedrohende Herzkrankheit der Coronar-Sklerose frühzeitig zu erkennen, so sollte gerade zu dieser frühzeitigen Erkennung und weiteren Überwachung auch der Gesundheitsdienst in erhöhtem Maße herangezogen werden, etwa in der Weise, daß von den Gesellschaften den besonders in bezug auf das Herz gefährdeten Versicherten bei der üblichen Zusendung des Gutscheines in einer kurzen Anmerkung freiwillig die Gelegenheit angeboten würde, auf Vorschlag des untersuchenden Arztes auch von den segensreichen Methoden der Röntgenographie und der Elektrocardiographie in einer gutgeleiteten Anstalt Gebrauch zu machen. Die finanzielle Mehr-

[1] J. STURM, Fragen der Versich. minderwertiger Leben. Konferenz in Kopenhagen Mai 1931.

[2] E. KUHR, Statist. Erfahrungen. Assekuranz-Jahrb. 1932, Bd. 51 und Bl. f. Vertrauensärzte 1939, H. 1.

[3] R. BANZHAF, 100 Jahre Allgem. Rentenanstalt 1833/1933 und Bl. f. Vertr.-Ärzte d. Leb.V. 1934, H. 1.

belastung der Gesellschaften würde durch die zu erwartende Schadensverhütung m. E. ausgeglichen.

Die Lösung dieser Zukunftsaufgaben wird in erster Linie der Lebensversicherungs-Medizin obliegen, sie bedarf aber dazu der Mitarbeit der gesamten Versicherungswissenschaft. Die Lebensversicherung selbst aber wird durch diese Ausdehnung ihres Schutzes auch auf die Gesundheit der Versicherten in immer idealerer Weise dem Gemeinschaftsgedanken des dritten Reiches gerecht.

„Durch die Vorsorge für den Versicherten über das rein Vertragsmäßige hinaus gewinnt die Lebensversicherung in hohem Maße an ethischem Wert" — so möchte ich mit FRITZ KAUFMANN, Zürich, schließen — „und die Wirkung dieser den Versicherten gewährten Gesundheitsfürsorge kommt, als Anregung sowohl, wie als Erfolg, auch der Allgemeinheit, also dem ganzen deutschen Volke, zugute!"

Batch number: 10844827

Printed by Printforce, the Netherlands